認定司法書士への道

入門編

第2版

伊藤塾
Itojuku

監修

蛭町　浩＋坂本龍治
Hiroshi Hirumachi＋Ryuji Sakamoto

著

弘文堂

新しい『認定司法書士への道』刊行にあたり

　民法の債権法がおよそ 120 年ぶりに改正され、相続法制についても相続分の改正以来約 40 年ぶりの改正がされ、現在、所有者不明土地問題に対応すべく土地の所有権および不動産登記法の見直しが精力的に行われている。

　これら改正は、新たな民事法の世界の始まりを意味する。2003 年に発足した認定司法書士制度は、司法書士が新たに広がる民事法の世界を切り拓く必要不可欠の道具である。法務大臣認定考査において受験者の全員が合格することは、司法書士試験と認定考査を不可分一体のものと捉えている我々受験指導者の悲願であり、司法書士界の目指すべき到達点のひとつである。

　特別研修制度によって認定司法書士が養成され、その成果が認定考査で試されるというのが制度の建前である。しかし、認定考査が試験である以上、適切な試験対策を講じないかぎり、合格を確実に手にできないだけでなく、上記の悲願を達成することもできない。

　そのために世に問うたのが『認定司法書士への道』であった。この度、新たな民事法の世界が開かれたことに伴い、同書を全面的に見直すことにした。

　その作業は、同書の内容を改正に対応させるだけでなく、同書を因数分解し、学習の段階や学習の機能に応じ、より適切な内容にアクセスできるようにするものであった。点鉄成金、この作業により『認定司法書士への道』は生まれ変わった。これを生み出したのは、東京司法書士会民法改正対策委員会の委員としてすでに数冊の改正本を上梓している坂本龍治司法書士の改正法に対する圧倒的な対応能力と、彼の絵心に通じるデザイン力であり、困難な作業をやり抜いた認定司法書士制度に対する熱い思いである。

　生まれ変わった『認定司法書士への道』が、悲願の認定考査の全員合格につながるだけでなく、認定司法書士となられた方々の活躍により、「認定司法書士ここに在り」と社会がその貢献を讃える日のくることを願ってやまない。

蛭 町 　浩

第2版　はしがき

　新型コロナは、司法書士実務はもちろんのこと、司法書士試験や認定考査にまでその爪痕を残しました。

　2020（令和2）年5月18日、法務省は7月に予定していた司法書士試験の筆記試験を延期すると発表したのです。これに影響を受け、特別研修と認定考査の時期はズレ込み、現在では5月から7月にかけて特別研修を行い、9月に認定考査を実施するようになりました。

　もっとも、司法書士試験が従来の7月実施に戻ったのに対して、認定考査が従来の6月実施には戻らなかったことは幸運なことで、以前に比べて3か月も勉強できる時間が増えたといえます。しかし、時間の使い方を間違えれば、司法書士試験から特別研修がはじまるまでの10か月以上もの間、勉強から遠ざかり、民法や民事訴訟法の知識が貧弱なものとなってしまうリスクに繋がります。司法書士試験合格後の人生は忙しく、ぼやっとしているとあっという間に時間が過ぎてしまいます。本書を手に取られた皆さんが、その日から認定考査までの間、真剣に要件事実の世界に入り込んでくださることを切に願っています。

　認定率は、2018（平成30）年に過去最低の43.1パーセントを記録したものの、2019（令和元）年は79.7パーセント、2020（令和2）年は79.0パーセント、2021（令和3）年は70.6パーセント、2022（令和4）年は65.3パーセントと、堅調に推移しています。しかし、問題のレベルが下がったということはまったくなく、付け焼き刃的な知識・スキルではとうてい太刀打ちできないのが現実です。

　大切なことは認定考査対策に特化した学習を、早期に開始し、最後まで継続することです。

　"はじめの1冊"として本書を、そして応用・発展として姉妹本である『認定司法書士への道【理論編】』『認定司法書士への道【実践編】』を、認定考査合格のためのバイブルとして使い尽くしていただけると幸いです。

　最後に、第2版も多くの方のご理解、お力添えを得て完成しました。

　弘文堂編集部長の北川陽子さん、担当してくださった中嶋美佳さん、心より感謝申し上げます。

また、法学館伊藤塾の小坂宜也副本部長、新風岸亮太郎課長、師匠蛭町浩先生、髙橋知規さん、阿部真由美出版編集課長、スタッフの皆さんにもご尽力頂きました。本当に、ありがとうございました。

　2023年9月

５歳になった娘との旅行前にて

坂　本　龍　治

認定司法書士への道［入門編］によせて

　本書は、認定考査を攻略するうえで鍵となる要件事実の学習をこれから始めようとする方が、スムーズに学習を開始し、遠回りすることなく、着実にレベルアップが図れるよう構成された"はじめの1冊"に適した入門書です。

　要件事実を古くから扱ってきた専門職の中心は、裁判官や弁護士であり、世に出回っている要件事実関連の書籍はハイレベルなものが多く、また、司法書士が認定考査に向けた学習をしようとした場合にマッチする書籍はほとんど存在しません。司法書士による司法書士のための書籍が豊富にあればよいのですが、司法書士が本格的に要件事実の学習に取り組むようになったのは、簡裁代理権を獲得した2002（平成14）年の司法書士法改正以降のことであり、残念ながら司法書士向けの書籍は圧倒的に少ないのが現状です。

　また、認定考査を受ける前に特別研修（司法書士が簡裁訴訟代理等関係業務を行うにあたって必要な能力を習得することに主眼をおいた研修）を受講することになりますが、その内容は実際の訴訟に直結する実践的なものとして濃密ではあるものの、試験対策をしてくれるわけではなく、特別研修と認定考査の間にはギャップが存在します。そもそも、特別研修は1月下旬に始まるのが通例となっており（コロナ後、2022年からは5月始まり）、それまで何らの学習も開始していないとすれば、あまりにも学習期間が短くなってしまい、不合格判定を受ける可能性が増大します。

　これらのことを認識しないまま、流れに身を任せて特別研修の内容を消化し、指定図書・推薦図書を独学で消化しようと試みても、思ったような成果は得られません。2018（平成30）年度に実施された認定考査においては、43.1パーセントという過去最低の認定率を記録するなど、「6割以上は合格する」という認識はもはや過去のものとなっており、特別研修をあてにしてはいられません。

　早期に、学習初期段階に適した素材を用いた学習を開始することが重要です。

　要件事実の学習においてポイントになるのが、①専門的な用語の意味を正しく使い分けること、②要件事実の思考力を身につけることです。

本書においては、必須となる用語をやさしく解説するとともに、いち早く要件事実の思考力を身につけられるよう、問題形式をとっています。思考力は、問題を通した実践を経なければ身につくものではなく、純粋なインプット素材（基本書など）を用いるよりも、アウトプット形式の素材を用いることが合理的です。もちろん、"はじめの1冊"にふさわしいよう、実際の認定考査のような複雑な問題ではなく、シンプルな基本事例を中心として構成しています。

　"はじめの1冊"として本書をお使いいただき、基本を身につけたら、是非、本書の姉妹本である『認定司法書士への道【理論編】』および『認定司法書士への道【実践編】』を活用し、応用に発展にと取り組んでください。

　『認定司法書士への道【理論編】』は、認定考査の全出題範囲（民事手続の基礎知識、要件事実、事実認定、業務規制、業務範囲など）を網羅した体系書となっており、必読の1冊となっています。

　また、『認定司法書士への道【実践編】』は、17回分の過去問（第2版は21回分）を紛争類型ごとに横断的に整理したアウトプット素材となっており、効率的に過去問を潰せるよう工夫しています。

　もちろん、いずれも民法改正を含む法改正に対応しています。

　本書を含む3冊を消化することで、合格に必要な知識とスキルは完成します。

　最後に、私が「道」と本書の制作に携わることができたのは、法学館伊藤塾の司法書士課を強いリーダーシップで引っ張ってくれる小坂宜也課長と、いつでも講師としての在るべき姿・人間の生き様をみせてくれる師匠蛭町浩先生のお陰です。また、弘文堂の編集部の方々には、きめ細やかなアドバイス・サポートを頂き、助けていただきました。編集長の北川陽子さん、担当してくださった中嶋美佳さん、ありがとうございます。それ以外にも法学館出版編集課長の阿部真由美さん、髙橋知規さんをはじめとする多くの方々に支えられ、こうして世に送りだすことができました。

　この場をお借りして、心から感謝を申し上げます。

　　2019年9月

娘1歳3か月、自宅にて

坂　本　龍　治

参考文献

裁判所職員総合研修所監修「民事訴訟法概説　9訂版」(司法協会・2014)
　⇒「**概説**」
司法研修所編「民事判決起案の手引　10訂」(法曹会・2006)
　⇒「**起案の手引**」
司法研修所編「改訂　新問題研究　要件事実」(法曹会・2023)
　⇒「**新問題研究**」
司法研修所編「8訂　民事弁護の手引　(増訂版)」(日本弁護士連合会・2019)
　⇒「**民事弁護の手引**」
司法研修所編「4訂　紛争類型別の要件事実　民事訴訟における攻撃防御の
　構造」(法曹会・2023)
　⇒「**司研・類型別要件事実**」
司法研修所編「増補　民事訴訟における要件事実　第1巻」(法曹会・1986)
　⇒「**要件事実第1巻**」
村田渉＝山野目章夫編著「要件事実論30講　第4版」(弘文堂・2018)
　⇒「**30講**」
大島眞一著「完全講義　民事裁判実務　基礎編」(民事法研究会・2023)
　⇒「**大島・実務の基礎**」
加藤新太郎編著「要件事実の考え方と実務　第4版」(民事法研究会・2019)
　⇒「**加藤・考え方と実務**」
司法研修所編「事実摘示記載例集 [民事判決起案の手引き　10訂]」(法曹会・
　2006)
　⇒「**司研・事実適示**」
大江忠著「ゼミナール要件事実—Legal seminar」(第一法規・2003)
　⇒「**大江・ゼミナール**」
川島武宜・川井健編「新版　注釈民法(7)物権(2)」(有斐閣・2007)
　⇒「**注釈民法(7)**」
幸良秋夫著「新訂　設問解説　判決による登記」(日本加除出版・2022)
　⇒「**幸良・改訂判決による登記**」

新井克美著「判決による不動産登記の理論と実務」(テイハン・2009)

⇒「**新井・判決による不動産登記**」

藤田広美著「講義 民事訴訟 第2版」(東京大学出版会・2013)

⇒「**藤田・講義 2011**」

岡口基一著「要件事実マニュアル 第1巻 総論・民法1 第6版」(ぎょうせい・2020)

⇒「**岡口・マニュアル1巻**」

岡口基一著「要件事実マニュアル 第2巻 民法2 第6版」(ぎょうせい・2020)

⇒「**岡口・マニュアル2巻**」

裁判所職員総合研修所監修「民事訴訟法講義案 三訂版」(司法協会・2016)

⇒「**講義案**」

大江忠著「新債権法の要件事実 第2版」(司法協会・2022)

⇒「**大江・新債権法の要件事実**」

伊藤滋夫編「債権法改正法案と要件事実」(日本評論社・2017)

⇒「**伊藤・債権法改正法案の要件事実**」

潮見佳男著「民法(債権関係)の改正法の概要」(金融財政事情研究会・2017)

⇒「**潮見・改正法の概要**」

伊藤滋夫編著「新民法(債権関係)の要件事実Ⅰ」「新民法(債権関係)の要件事実Ⅱ」(青林書院・2017)

⇒「**伊藤・新民法の要件事実Ⅰ**」「**伊藤・新民法の要件事実Ⅱ**」

小賀野晶一・松嶋隆弘編著「民法(債権法)改正の概要と要件事実」(三協法規・2017)

⇒「**小賀野・松嶋・概要と要件事実**」

contents

第 2 部

各　論 ——————————————— 33

第3章 金銭請求　売買契約に基づく代金支払請求訴訟
…………34

contents

contents

本書を使用した、
伊藤塾の認定考査対策講座で必勝を期す！

　簡裁訴訟代理等関係業務を行う権限は、新人司法書士が法律サービスの世界でデビューするためのパスポートとなっています。しかし、認定考査の内容自体にも動きが見られ、もはや本気で取り組まなければ合格を確実にすることはできない試験へと変化しています。

　伊藤塾では、毎年本書を用いて認定考査対策講座を開講しています。

　講座では、認定考査の対象となる「知識の理解と消化に要する時間を考慮」し、できるかぎり早い段階から認定考査対策を行います。また、その内容は、要件事実論および事実認定論の基礎だけでなく、業務規制を含めた認定考査の全出題範囲について、理解のポイントとなる事項を集中的に確認しようとするものであり、認定考査対策のためのオールインワンの講義となっています。

　パソコンより　→　https://www.itojuku.co.jp/shiken/shihoshoshi/index.html

【伊藤塾の認定考査対策講座（2023年取得目標例）】
✎要件事実入門編
　はじめて要件事実に触れることを前提に、まずは「入門編」から始めていきます。
✎理論編
　ここでは、全出題範囲（民事手続の基礎知識、要件事実、事実認定、業務規制、業務範囲など）を体系的にインプットしていきます。
✎実践編
　ここでは、過去問を解くことを通じて、インプットした知識が実際の認定考査で点数に繋がるように訓練していきます。
✎模擬演習編
　最後は模擬演習を通して、2時間の試験時間の使い方を確立し、最終2週間の学習の方向性を見極めます。

第 1 部

総 論

第 1 章　要件事実総論

　第1章では、要件事実の基本的な考え方と、要件事実を理解するうえで欠かせない基本概念を学習します。認定考査を見据えた要件事実の学習では、知識を使いこなすことができる思考力を身につけることが肝心ですが、正しい思考は正しい知識がなければ生まれません。基本概念をしっかりと理解し、定着するように、繰り返し学習してください。

1－1　法的判断と法律効果

　私人間で法的な紛争が生じた場合、その紛争解決を裁判所に委ねることができます。裁判所は、両当事者の言い分を聞いたうえで、原告が主張する権利（請求権）の有無を判断し、判決（請求認容判決や請求棄却判決など）をもって紛争の解決を図ります。

　まず、理解しておきたいのは、裁判所は、請求権の有無について正しい結論（判決）を導くために、法的判断を行っているということです。法的判断とは、権利または法律関係の有無を法律効果の組合せにより判断することをいいます。

　法律効果は、権利変動の結果をさす概念ですが、これには権利発生、権利消滅、権利障害、権利阻止の4種が存在します。

　権利発生とは、権利が生まれることです。たとえば、売買契約が成立すれば、売主の買主に対する代金支払請求権が発生し、また、買主の売主に対する目的物引渡請求権が発生します。

　権利消滅とは、権利が消えてしまうことです。売買契約の成立により発生した代金支払請求権は、弁済により消滅します。

　権利障害とは、本来発生するはずの法律効果の発生が妨げられることをいいます。たとえば、売買契約が成立すれば、通常、代金支払請求権が発生しますが、当事者間の売買契約が、差押えを免れるために当事者が示しあわせて行った仮装譲渡であった場合、当該売買契約は虚偽表示により無効となります（民94Ⅰ）。これにより、本来、売主に発生するはずの代金支払請求権の発生効果が妨げられ（障害され）、売主は代金支払請求権を有しないことになります。

　権利阻止とは、権利の行使が一時的に妨げられることをいいます。たとえば、売買契約が成立すれば売主は代金支払請求権を取得しますが、相手が同時履行の抗弁（民533）を主張すれば、売主は目的物を引き渡すまで代金支払請求権を行使することができません。ここでは、相手方の同時履行の抗弁により、代金支払請求権の行使が阻止されているからです。

　給付訴訟においては、まず、原告から権利発生を基礎づける事実の主張がなされ、被告から権利発生の効果を否定する法律効果（効果発生を消滅させたり、障害したり、阻止したりする効果）の主張がなされ、更に原告から否定効果を再否定する法律効果の主張がなされる、といった具合で攻防が繰り広げられます。裁判所は、権利発生効果を出発点として、原告・被告双方の主張から生じる法律効果を組み合わせることで、原告の請求が認められるか否かを判断するのです。

1−2 要件事実と主要事実

　権利の発生・消滅・障害・阻止といった法律効果は、いずれも法律要件がみたされることによって生じますが、法律要件の多くは、事実と結びつけて法律上規定されています。争われている権利関係や法律関係は観念的な存在であり、五感をもって直接認識することができないため、法律要件は、我々が認識可能な事実と結びつけて規定されているのです。そのため、原告は、請求権の発生効果を基礎づける事実の主張をし、一方で、被告は権利発生の効果を否定する法律効果（効果発生を消滅させたり、障害したり、阻止したりする効果）を基礎づける事実の主張をすることとなります。

　一定の法律効果（権利の発生、消滅、障害、阻止）の発生を基礎づける要件に該当する事実のことを、要件事実といいます。たとえば、代金支払請求権の発生を基礎づける要件事実は、①財産権移転約束、②代金支払約束の２つとなります（民555参照）。

　そして、このような要件事実に直接該当する具体的な事実のことを、主要事実といいます。たとえば、売買契約の場合、「XはYに対し、令和6年4月1日、SX100の腕時計を代金60万円で売った。」といった具体的な事実が主要事実となります。

　まとめると、要件事実は抽象的事実を、主要事実は具体的事実をさす概念で

あるといえます。もっとも、裁判実務においては、法律要件に該当する具体的な事実のことを要件事実とよんでおり、要件事実と主要事実は同義的に用いられます。この違いは、学界と実務における考え方の違いによりますが、わかりやすさの観点から、本書では要件事実と主要事実は異なる概念であることを前提にしています。

なお、主要事実のうち、原告の被告に対する権利主張を理由づけるために原告が主張すべき事実のことを請求原因事実とよびます。

1－3 訴訟物

これまで、裁判所は、原告の主張の当否を、法的判断をもって決すること、原告・被告はそれぞれ、請求権の発生効果を基礎づける事実、あるいは相手の主張から導かれる法律効果を否定する法律効果（効果発生を、消滅させる効果、障害する効果、阻止する効果）を基礎づける事実を主張するということを確認してきました。

ここからは、訴訟の流れを意識しながら知識を深めていきます。

そもそも、訴訟による紛争解決を望む場合、原告はその旨を裁判所に申し出なければなりません。具体的には、訴えの提起として、訴状を裁判所に提出する必要があります（民訴134Ⅰ）。この時、原告は、裁判所において審理判断すべき被告に対する請求（訴訟物）を特定する必要があります。審理の対象が明らかにならなければ、裁判所としては何について審判をすべきかがわからず、また被告にしても、何について防御を講じるべきかがわからないため、期日が空転するおそれがあるためです。裁判所において審判の対象となる権利または法律関係のことを、訴訟物といいます。

たとえば、XがYに対し、SX100の腕時計を代金60万円で売ったにもかかわらず、Yが代金を支払おうとしないので、やむをえずXが訴訟を起こす場合の訴訟物は売買契約に基づく代金支払請求権となります。そのため、裁判所は、Xが主張する売買契約に基づく代金支払請求権の有無について審判をし、被告は、売買契約に基づく代金支払請求権の発生効果を否定する弁済の事実や、同時履行の権利主張をすることで防御を講じることになります。

1－4 請求の趣旨および原因

　原告が訴えの提起として訴状を裁判所に提出する際、訴訟物を特定する必要があることを説明しましたが、実は、訴状に直接的に訴訟物を書くことはありません。たとえば、「本件訴訟における訴訟物　売買契約に基づく代金支払請求権」のような記載はしません。

　では、どのように訴訟物を特定するのかというと、訴状の必要的記載事項とされている請求の趣旨および原因から読み取ることになります（民訴134Ⅱ参照）。

　このうち請求の趣旨は、訴訟の目的となる権利または法律関係について、原告がいかなる裁判を求めるかを簡潔かつ正確に記載したものです。言い換えれば、訴えによって求める判決内容の結論的・確定的な表示を請求の趣旨といいます。

　たとえば、代金支払請求訴訟における請求の趣旨は、「被告は原告に対して60万円を支払え。との判決を求める。」となります。なお、ここでは付随的申立て（**2－2**を参照）を除いた記載をしています。

　請求の趣旨は、次に説明する請求の原因とあいまって、審理判断の対象となる請求を特定し、裁判所の審判の範囲を限定する役割をもちます。

　請求の原因（「請求原因」とも表記）は多義的に用いられますが、次の2つの意味を理解しておく必要があります（「概説」30～31頁）。

① 　まず、請求の趣旨とあいまって、訴訟物を特定するのに足りる事項を意味します。この訴訟物の特定としての請求の原因を、特定請求原因といいます。

② 　次に、原告の被告に対する関係での権利または法律関係を理由づける事実主張のうち、原告が主張立証責任を負うものを意味します。この意味での請求の原因を、理由づけ請求原因、攻撃防御方法としての請求原因、または請求原因事実といいます（略称「Kg」）。

　なお、実務においては、単に請求原因というときは、多くの場合、理由づけ請求原因をさします。理由づけ請求原因と、特定請求原因の関係は、大小の関係にあり、理由づけ請求原因は特定請求原因の内容をすべて包含します。そして、実際の訴訟においては理由づけ請求原因を主張し尽くさなければ敗訴してしまうため、理由づけ請求原因を漏れなく主張することが重要となります。認定考査においても、答案には理由づけ請求原因を記載する必要があるため、特定請求原因については言葉の意味を理解しておけば足ります。

1-5 答 弁

　原告から提出された訴状は、裁判長の審査を経て、被告に送達されます（民訴138 I）。この時、裁判長は口頭弁論期日を指定し、当事者に裁判所へ来てもらいます（民訴139）。こうして設定された第1回口頭弁論期日を皮切りに、原告・被告双方の攻防が繰り広げられるわけですが、最初の当事者の弁論は、原告の訴状に基づく請求の趣旨および請求の原因の陳述から始まります。実際には、訴状の全文を読み上げるようなことはなく、「訴状のとおり陳述」と言って終わります。これに対して、被告は、原告の申立てを認めるか否かの態度決定を迫られます。事前に訴状が送られているため、態度決定は期日前に確定しているのが通常です。

　被告が原告の申立てを全面的に認める場合、これを請求の認諾といい、これにより訴訟が終了し、原告が全面的に勝訴した場合と同様の効果が生じます（民訴267）。

　これに対して、被告が原告の申立てを認めずに争う場合には、訴えの却下の申立て、または請求棄却の申立てを行うことになります。この被告の反対申立てを答弁といいます。

　訴え却下の申立てとは、訴訟要件が欠けていることを理由に訴えを却下する旨の判決を求める申立てをいいます。

　請求棄却の申立てとは、請求を理由なしとして、これを棄却する旨の判決を求める申立てをいいます。たとえば、原告の請求を理由なしとして反対申立てをする場合、「原告の請求を棄却する。」として陳述することになります。

1-6 認 否

　原告の主張する請求の趣旨に対して、答弁として請求棄却の申立てをした被告は、これと同時に、請求原因に対して認否を行うことになります。認否とは、相手方の主張する事実（主要事実や重要な間接事実）について、一方の当事者がどの点を認め、どの点を争うのかを明らかにすることをいいます。

　認否には以下の5つの態様があります。

① 否 認

　　否認とは、相手方の主張事実が真実でない、または存在しないということを内容とする陳述をいいます。否認の際には、否認の理由となる事実をあわ

せて陳述しなければならず（民訴規 79 Ⅲ）、単純に相手方の主張する事実が真実でないと陳述するだけでは足りません。理由をあわせて陳述する否認のことを、積極否認あるいは理由づけ否認とよびますが、被告が相手方の主張事実を否認するには、なんらかの理由があるのが通常であり、その理由を明らかにさせることで、争点をより明確にすることが可能となるため要求されています。

否認された事実については、当該事実を主張する者において立証が必要となり、もし立証に失敗した場合には、証明責任によって当該事実は存在しないものとして扱われることになります。

② **不　知**

不知とは、相手方の主張を知らない旨の陳述をいいます。不知の陳述により、相手方の主張事実を争ったものと推定され（民訴 159 Ⅱ）、否認と同様の取扱いを受けます。

③ **沈　黙**

沈黙とは、相手方の主張に対して明確な態度を示さないことをいいます。沈黙している場合、相手方の主張した事実を争うことを明らかにしない場合に該当するものとして、その事実について自白が擬制されることがあります（民訴 159 Ⅰ本文）。

④ **自　白**

自白とは、口頭弁論期日または弁論準備手続期日において、相手方が主張する、自己に不利益な事実を認める旨の陳述をいいます。

裁判所は、自白された事実につき、証拠によって認定する必要がないのみならず、これに反する認定も許されず、そのまま判決の資料として採用しなければなりません（弁論主義の第 2 テーゼ）。ただし、自白の対象となるのは主要事実のみであり、間接事実や補助事実についての自白は裁判所を拘束しません。

⑤ **争　う**

請求の原因の記載のなかに、法律上の主張が入っている場合に、相手方が、このような法律上の主張を否定する旨の陳述を争うといいます。

認否には、このように 5 つの態様があります。そもそも認否をする理由は、不要証事実（立証を要しない事実）と要証事実（立証を要する事実）とを分け

ておくことで、争点を明確にし、審理を効率的に進めることにあります。裁判所は、当事者が自白した事実については証拠なしでそのまま判決の基礎としなければならないとの制約を受けます（弁論主義の第2テーゼ）。それゆえ、当事者による立証の前提として、自白が成立し、立証を要しない事実と、争いがあり、立証を要する事実とを分けておくことが、無駄な証拠調べ手続を省き、審理の効率を図る手立てとなるのです。認否の結果、争いのあった事実のことを争点といいます。

なお、顕著な事実については、認否の対象となりません。たとえば、原告から「令和〇年〇月〇日は経過した。」と主張されている場合において、被告において「認める。」といった認否をする必要はありません。

1-7 抗弁

被告が否認によって原告の主張を争うことができることは、前述のとおりですが、このほかに抗弁（略称「E」）を主張することで争うこともできます。

抗弁とは、相手方の主張する要件事実と両立しながら、当該要件事実から生ずる法律効果を否定する法律効果を発生させる要件事実で、被告が主張立証責任を負うもの（抗弁事実についての主張）をいいます。抗弁には、権利発生の消滅、障害、阻止の機能があります。

たとえば、代金支払請求訴訟において、被告が弁済の主張をすれば、その主張は代金支払請求権の発生を消滅させる抗弁になり、被告が同時履行の権利主張をすれば、その主張は代金支払請求権の行使を阻止する抗弁となります。

否認と抗弁との重要な違いは、当該事実が原告主張の請求原因と両立するか否かという点にあります。すなわち、否認は、相手方の主張する請求原因そのものの存在を否定することであるため、双方の言い分に矛盾が生ずることになりますが、抗弁は原告の主張する請求原因そのものの存在は否定せず、それを前提としながら、これにより生ずる法律効果を否定する別の事実を主張するため、双方の言い分に事実レベルでの矛盾は生じず両立することになります。

1-8 再抗弁・再々抗弁

原告が、被告の抗弁に対して、抗弁の法律効果を更に消滅・障害・阻止する主張をする場合、これを再抗弁（略称「R」）といいます。

　さらに、被告が、原告の再抗弁に対して、再抗弁の法律効果を消滅・障害・阻止する主張をする場合、これを再々抗弁（略称「D」）といいます。

　裁判所は、原告が主張する請求原因事実（Kg）、被告が主張する抗弁事実（E）、更に原告が主張する再抗弁事実（R）、加えて被告が主張する再々抗弁事実（D）、について事実認定をしたうえで法的判断を行い、権利または法律関係の有無を確定していくことになります。

1-9　事実抗弁・権利抗弁

　抗弁には、抗弁事実が弁論に現れればその効果が認められるという事実抗弁と、抗弁事実が弁論に現れていても、訴訟上その権利を行使する旨の主張がなされなければしん酌できない権利抗弁とがあります。

　たとえば、代金支払請求訴訟において、被告が弁済の事実を主張立証すれば、この主張は代金支払請求権の発生を消滅させる抗弁として機能します。弁済は事実抗弁であるため、弁済の事実を主張立証すればそれで足ります。

　これに対して、代金支払請求訴訟において、被告が同時履行の抗弁により代金支払請求権の行使を阻止するためには、契約が双務契約であることを示すために売買契約の事実を主張立証するだけでは足りず、「売主Xが○○を引き渡すまで、代金の支払を拒絶する」というように、権利主張をしなければなりません。同時履行の抗弁権は権利抗弁であるため、裁判所は、同時履行の抗弁権を基礎づける双務契約の事実が明らかになるだけでは、同時履行の抗弁をしん酌できないのです。

　権利抗弁には、同時履行の抗弁権のほか、留置権、対抗要件の抗弁（権利抗弁説　司研・類型別要件事実64頁、140頁）などがあります。

　学習に際しては、ここまでの話を、訴訟の流れを意識しながらおさえることがポイントになります。次項以下では、事実レベルの話と、立証レベルの話を意識的に分けておさえることがポイントとなります。

1-10　立証活動と事実認定

　認否の結果、争いのある事実（争点）については、その存否を判断する必要が生じます。このとき、主要事実の存否に関する判断が裁判官の偶然的・主観的な判断によるのでは、裁判の公正を担保し、国民の裁判に対する信頼を維持

できないため、主要事実の存否の判断は、当事者の立証活動を通じて提出された資料（証拠）に基づくものであることが要求されます（弁論主義の第3テーゼ）。そのため、裁判所は当事者の主張から明らかになった争点につき、当事者に証拠の申出をさせ、証拠調べを実施して争点となっている主要事実の存否を確定します。

当事者の立証活動を通じて、裁判所が争点となっている事実の存否を確定する作業を事実認定といいます。

1-11 立証責任と法律要件分類説

争いのある主要事実の存否を判断するにあたっては、証拠に基づく必要があることは先に説明したとおりですが、事実認定に必要となる証拠は自由心証主義から導きだされる証拠共通の原則により、いずれの当事者から提出されてもよいとされています。すなわち、当事者の一方が提出した証拠は、その者に有利な事実認定に用いることができることはもちろんのこと、相手方が証拠調べの結果を援用しなくても、当然に相手方にとって有利な事実の認定に用いることができるのです。

しかし、争いとなっている事実の存否が明らかにならない場合、その事実は存在しないものとして扱われるため、通常は、当該事実が自己にとって有利な法律効果の発生を導くのに必要となる当事者がその証明に努力します。もし、ある事実が真偽不明となれば、その事実は存在しないものとして扱われ、要件の一部が不足することで、求める法律効果が発生しないこととなり、不利益を受けることになるからです。

このように、ある事実が真偽不明である（または主要事実の不存在が立証された）場合に、その事実を要件とする自己に有利な法律効果の発生が認められないことにより生じる一方当事者の不利益のことを、立証責任（証明責任）といいます。

この立証責任の分配は、主張責任の分配の問題と重なるものですが、実務上は法律要件分類説を基本としてなされます。

法律要件分類説とは、各個の法規における構成要件の定め方（本文とただし書、1項と2項、各則と総則といった規定の位置づけ）を前提として、その要件の一般性・特別性、原則性・例外性、その要件によって要証事実となるべき

ものの事実的態様とその立証の難易等を考慮して、主張責任立証責任の分配を考える立場のことをいいます（「要件事実第1巻」10頁）。

これによれば、各当事者は自己に有利な法律効果の発生を導くのに必要な要件事実につき立証責任を負うことになります。

すなわち、権利の発生にかかる要件事実の立証責任はこれを主張しようとする者（通常は原告）が負担し、当該権利の存在を否定し、または阻止する消滅、障害、阻止にかかる要件事実の立証責任は、権利の存在を否定または阻止しようとする者（＝通常は被告）が負担します。

したがって、原告の陳述した請求原因事実のなかで、被告が否認または不知の陳述をした事実があるのであれば、これにつき立証責任を負う原告が、このような事実の存在を証明すべく立証活動をすることになります。

また、被告の抗弁につき、原告が否認または不知の陳述をした事実があるのであれば、これについて立証責任を負う被告が、このような事実の存在を証明すべく立証活動をすることになります。

1－12 本証と反証

ある事実の存否が争われている場合、立証責任の観点から、当該事実が自己にとって有利な法律効果の発生を導くのに必要となる者がそれを証明することになります。

この際、立証責任を負う当事者は、認定すべき要件事実の存在につき裁判官に確信を抱いてもらうべく証拠を用いて立証活動に励みます。この立証責任を負う当事者の立証活動を、本証といいます。本証は、その事実の存在について裁判官に確信を抱かせる程度のものであることを要します。

これに対して、立証責任を負わない当事者のする、争いのある事実の不存在を基礎づけるための立証活動を、反証といいます。反証は、本証と違って、その事実の不存在につき裁判官に確信を抱かせる程度のものである必要はなく、本証によって形成される心証を動揺させて、真偽不明の心証を抱かせる程度のものであれば足ります。

1－13 主要事実以外の事実（間接事実・補助事実・事情）

訴状には通常、要件事実に該当する具体的事実（主要事実）以外にも、間接

事実・補助事実・事情といった事実が記載されます。これらのうち、とりわけ重要なのが間接事実です。間接事実とは、主要事実の存否を推認するのに役立つ事実をいいます。

実際の訴訟において、究極の立証課題が主要事実であることはいうまでもありませんが、実際には主要事実を直接証拠によって証明できることは少なく、だからこそ訴訟に発展しているケースが多くあります。この場合、原告は主要事実を推認させる間接事実の証明により、主要事実を認定してもらえるよう努めることになるのです。

たとえば、金銭消費貸借契約に基づく貸金返還請求訴訟において、要件事実である金銭授受の事実の存否が争われている場合、これを基礎づける直接証拠として、金銭消費貸借契約書や、金銭を受け取った際に借主が交付した借入金受取書などがあれば、これらの直接証拠により金銭授受の事実を直接立証することができるでしょう。しかし、これらの直接証拠がない場合、原告としては、①被告が金銭授受のあったとされる時点以降に借金の返済をしている、②原告は、金銭授受のあったとされる時点の直前に自己の銀行口座から貸し付けた額と同額の預金をおろしている、③被告は、原告に融資の依頼をする前に、別の友人に同様の融資依頼をして断られている、など、金銭授受を推認させる間接事実を積みあげて、金銭授受の事実の立証に励むことになるのです。

補助事実とは、主要事実以外の事実のうち、証拠の信用性に影響を与える事実をいいます。たとえば、証言の信用性が争われている場合の「証人は、以前にも偽証したことがある」といった事実や、文書の形式的証拠力が争われている場合における「文書はXにより偽造されたものである」といった事実がこれにあたります。

事情とは、主要事実、間接事実、補助事実のいずれにも属さない、事件の由来、来歴などの事件の背景に関する事実をいいます。

1－14 せり上がり

弁論主義の第1テーゼから導かれる主張共通の原則により、裁判所は、ある主要事実が主張責任を負わない当事者から進んで陳述された場合、たとえ主張責任を負う当事者がこれを援用しなくても、当該事実を判決の基礎とすることができます。そうすると、原告が主張した事実のなかに、被告の抗弁を基礎づ

ける事実が含まれている場合、裁判所は抗弁を考慮して判決を言い渡すことが可能となります。

　そのため、原告は、被告にとって有利となる事実を進んで陳述してしまうことがないよう、注意を払うことになります。

　しかし、原告が主張する権利の発生を基礎づける請求原因事実のなかに、本来被告が主張すべき抗弁を基礎づける事実が当然に含まれていることがあります。このような場合、請求原因事実と同時に、抗弁も基礎づけられる結果、原告は請求原因事実を主張する段階において、あわせて再抗弁を基礎づける事実を主張しなければならないことになります。このように、本来であれば相手方の抗弁主張の後に主張すれば足りるはずの再抗弁事実を、相手方の抗弁主張を待たずに主張しなければならない場合のことを<u>せり上がり</u>といいます。

　せり上がりが問題となる局面の典型例は、次に説明する権利抗弁の存在効果が問題となる局面です。

1－15 権利抗弁の存在効果

　同時履行の抗弁等の権利抗弁は、抗弁事実が弁論に現れていても、訴訟上その権利を行使するとの主張がなされなければしん酌できません。しかし、権利抗弁には、権利者の主張を待たずに、権利抗弁の存在自体によって抗弁としての機能を発揮する場面があります。これを<u>権利抗弁の存在効果</u>といいます。

　たとえば、売買契約に基づく代金支払請求訴訟において、これとあわせて、原告が履行遅滞に基づく損害賠償請求をする際に、権利抗弁の存在効果が問題となります。

　当該場面で、被告は、履行期を経過してしまったことにつき違法性がないことを、履行遅滞に基づく損害賠償請求権の発生を障害する抗弁として主張することができます。具体的には、留置権（民295）や同時履行の抗弁権（民533）を、履行の遅滞を正当化し、違法性を阻却する事由として主張しえます。これらはいずれも権利抗弁ですから、本来であれば訴訟上の権利行使がなければ抗弁としてしん酌できません。しかし、原告の主張する売買契約の締結の事実により、代金債務と目的物引渡債務とが同時履行の関係にあることが当然に基礎づけられ、履行遅滞の違法性阻却事由があることが明らかになることで、被告の同時履行の主張を待たずに、履行遅滞に基づく損害賠償請求権の発生は障害

されます。これが、権利抗弁の存在効果です。

　ほかにも、権利抗弁の存在効果が問題となる場面として、売買の目的物引渡債務の履行遅滞に基づく契約解除を主張する場面や、売買代金債権を自働債権とする相殺による債権の消滅を主張する場面などがあります。

1－16 将棋と訴訟を重ね合わせる思考法

　第1章の終わりに、将棋のイメージに訴訟を重ねて、要件事実のイメージを深める思考法を説明します。

1 「対局者」と「持ち駒」

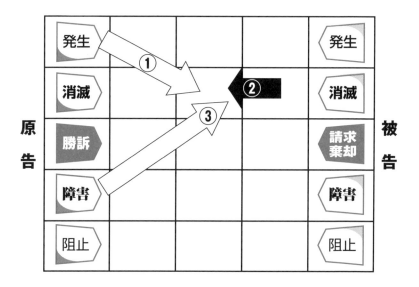

　実際の将棋は、2人の対局者がいてはじめてゲームが成り立ちますが、訴訟における対局者は原告と被告です。原告と被告とが訴訟という盤上で攻防を繰り広げます。

　実際の将棋では、対局者がそれぞれ王将を持っていて、最後まで王将を守り抜いたほうが勝ちます（逆に、王将を取られてしまったほうが負けです）。訴訟の盤上においても、原告・被告はそれぞれ守り抜くべき王将を持っています。原告にとっての王将は勝訴（＝請求認容）です。最後まで勝訴の駒を相手に取

られることなく守り抜けば、原告の勝ちです。これに対し、被告にとっての王将は請求棄却です。原告の持つ王将（勝訴）を取り、請求棄却を訴訟という盤上に残すことができれば被告の勝ちとなるのです。

　実際の将棋では、対局者はそれぞれ歩兵や金、飛車など、性質の異なる8種類の駒（王将を除くと7種類）を動かし、相手の駒を取りにいきます。訴訟の盤上においても原告・被告は、王将以外の駒を持っており、その種類は4つあります。すなわち、発生、消滅、障害、阻止の4種類です。発生、消滅、障害、阻止は法律効果の4種類からきています。原告と被告は、これら4つの駒を進めることで、訴訟の盤上における攻撃防御を繰り広げることになります。

　訴訟の盤上における先手は常に原告です。原告はまず、自己の請求を基礎づける権利の発生の駒を被告側へ進め、被告の持つ請求棄却の王将を取りにいきます。

　これに対して被告は、消滅や障害の駒を進めることで原告の発生の駒を取りにいったり、あるいは阻止の駒を進めたりすることで防御したりします。訴訟上は、この被告の一手を抗弁といいます。

　この被告の動きに対して、原告は、更なる手を打ちます。すなわち、被告が進めてきた、消滅、障害、阻止といった駒を更に消滅させる駒を進めたり、障害、阻止させる駒を進めたりするのです。これを訴訟上、再抗弁といいます。

2　持ち駒を前進させるための主張

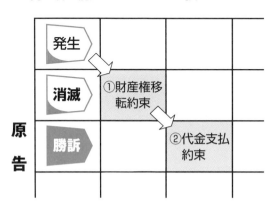

　訴訟の盤上において、発生、消滅、障害、阻止といった駒を前に進めるためには、それらの法律効果の発生を導く要件に該当する事実（要件事実）を主張しなければなりません。

　たとえば、代金支払請求訴訟において、代金支払請求権の発生を主張し、発生の駒を前に進めたいのであれば、代金支払請求

権の発生を基礎づける①財産権移転約束の事実、②代金支払約束の事実を主張する必要があります。

3 すべての事実が認定されると持ち駒が裏返る

　実際の将棋においては、自分の駒を相手の陣地にいれることで、駒が裏返り、駒の力が増すということがあります。"駒が裏返る"というイメージを、訴訟の盤上においても取り入れます。

　先ほど、発生、消滅、障害、阻止といった駒を前に進めるためには、それらの法律効果の発生を導く要件事実を主張しなければならないことを説明しましたが、主張した事実がすべて存在するものとして裁判所に認定されると、法律効果の発生が基礎づけられ、駒が裏返るとイメージします。訴訟の盤上では、法律効果が生じることを、駒を裏返すことでイメージしているわけです。

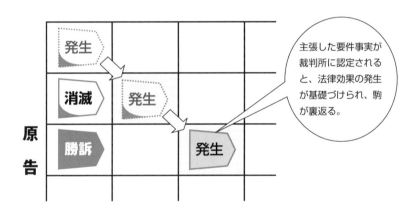

　原告側の発生の駒が裏返れば、原告側から見たときの王手（相手の王将を取ることができる状態）となります。これに対して、被告が何らの防御も講じなければ、原告の勝ち（勝訴）となります。

4 相手の一手に対する認否

　更に話を進めて、認否をイメージしてみます。

　訴訟の盤上では、先手である原告が発生の駒を前に進めるべく、法律効果の発生を基礎づける要件事実を主張することは前述のとおりです。認否というの

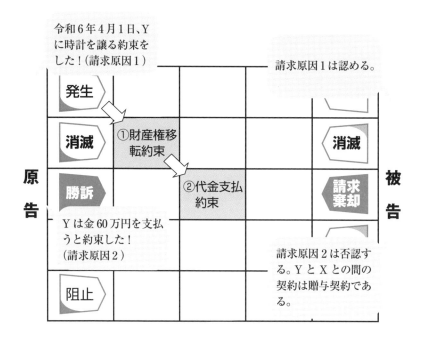

令和6年4月1日、Y
に時計を譲る約束を
した！（請求原因1）

請求原因1は認める。

発生

消滅

①財産権移
転約束

消滅

原告

勝訴

②代金支払
約束

請求
棄却

被告

Yは金60万円を支払
うと約束した！
（請求原因2）

請求原因2は否認す
る。YとXとの間の
契約は贈与契約であ
る。

阻止

は、これに対する態度決定です。認否は、原告の主張に対する態度決定という
だけの話ですから、認否の場面で被告が自己の駒を前に進めることはしません。
　たとえば、代金支払請求訴訟において、原告が①財産権移転約束、②代金
支払約束に該当する具体的な事実を主張したとします。
　これに対して、被告がどの点を認め、どの点を争うのかの態度を明らかにす
ることが認否です。被告が「問題となっている契約の目的物をもらい受ける約
束をしたことは認めるが、これに対して代金を支払う約束まではしていない」
とするのであれば、「請求原因1（財産権移転約束）は認める。請求原因2（代
金支払約束）は否認する。被告Yと原告Xとの間の契約は贈与契約である。」
といった認否をすることになります。
　この場合、財産権移転約束の事実については被告も認めているので、自白が
成立し、その事実の存在が確定します（弁論主義の第2テーゼ）。主張した事
実の存在が裁判所に認定されることで、原告は発生の駒を1つ前へ進めること
ができます。
　しかし、代金支払約束については、被告が否認しているので、原告による証

明がなされなければその事実の存在は確定しません。この場合、原告は駒を前進させることができません。要件に該当する事実を主張しても、その主張する事実の存在が裁判所に認定されなければ駒を前に進めることはできないのです。

　原告としては、争いのある事実について積極的に立証することで、裁判所に当該事実を認定してもらい、代金支払請求権の発生の駒が裏返るように努力する必要があります。

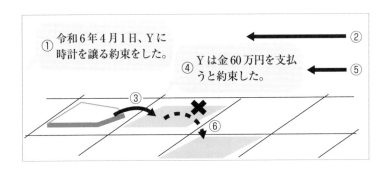

① 　原告が、代金支払請求権の発生を基礎づける財産権移転約束の事実を主張。
② 　被告が、財産権移転約束の事実を認容（＝自白成立）。
③ 　自白が成立したため、原告は駒を1マス前進させることができる。
④ 　原告が、代金支払請求権の発生を基礎づける代金支払約束の事実を主張。
⑤ 　被告が、代金支払約束の事実を否認。
⑥ 　否認により、原告は駒を前進させることができず、すべての要件が認定されない以上、権利発生の効果は生じない（＝駒を裏返すことができない）。駒を前進させるためには、立証活動を通じてその事実の存在を認定してもらう必要がある。

　原告が立証に成功し、争点となった代金支払約束の事実の存在が認定されれば、原告は駒を前進させることができます。更には、すべての要件がみたされることで法律効果が発生するため、原告は「発生」の駒を裏返すことができます。

　もし、原告が立証に失敗し、代金支払約束の存在が否定されるか、真偽不明の状態に陥り、その事実が存在しないものとして扱われた場合、要件の一部が不

足する以上は、権利発生の法律効果は生じず、原告勝訴の可能性は断たれます。

　面白いのは、被告は自己の駒を1つも進めることなく勝ちうるということです。つまり、原告の主張する請求原因事実を徹底的に否認し、主張された請求原因事実のうち、どれか1つでも認定されなければ、被告は自己の駒を使わずに勝てるのです。

5　被告の一手（抗弁）

　次に、訴訟の盤上における抗弁をイメージしていきます。

　まず、先ほど説明した認否の場合、被告が自分の駒を前に進めることはしなかったということを思い出してください。これに対して、**抗弁は、被告が自分の駒を前に進め、原告の進めている駒とぶつけることで自己の身を守る防御方法**です。

　たとえば、代金支払請求訴訟において、原告が①財産権移転約束、②代金支払約束という2つの主要事実を主張したとします。これに対して、被告が①②の事実はすべて認めるけれど、すでに代金の支払はすんでいる、ということで原告の主張を争うケースで考えてみましょう。

　まず、被告は、原告の主張する事実をすべて認めていますから、自白が成立するため、原告は発生の駒を前に進めることができます。また、自白によりすべての事実の存在が認定されますから、法律効果が発生します。原告は発生の駒を裏返すことができるのです。これにより、原告側から見たときの王手に入ります。

　次に、被告は代金の支払がすんでいるものとして争っていますから、弁済の要件事実にあたる❶債務の本旨に従った給付、❷給付と債権との結びつき、の2つを主張します。具体的には、「YはXに対し、令和6年6月30日、本件債務の履行として、60万円を支払った」などと主張します。

　これにつき、原告が被告の主張する弁済の事実を認め、自白が成立したり、被告が弁済の事実の立証に成功した場合、被告は主張事実が確定したものとして消滅の駒を前に進め、駒を裏返すことができます。

　そして、原告が、被告の進めた消滅の駒を更に否定する別の駒を進めることができなければ、被告は消滅の駒で、原告の発生の駒を取ることができます。さらには、消滅の駒が決め手となって、被告は原告の王将すなわち勝訴を取る

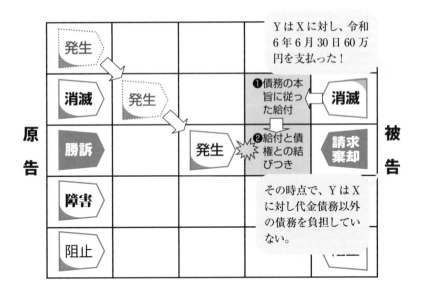

ことができます。

　これにより訴訟は終了します。もちろん結論は、被告の勝ち（請求棄却）です。

6　本書を使いこなすために

　第3章以降では、訴訟の類型ごとに具体的な要件事実等を確認していきます。項目の終わりに**まとめ**のページがあるのですが、そこでは将棋のイメージに重ねた思考法を取り入れて表現しています。たとえば、**3－3**で学習する「代金支払請求と弁済の抗弁」のまとめは次ページの**図1**のとおりです。

　前提として、①左に原告、右に被告が座っていること（実際の訴訟においても、傍聴席側から見ると、左に原告、右に被告がいます）、②原告・被告はそれぞれ発生、消滅、障害、阻止の駒を持っていること、③望む法律効果の発生を基礎づける事実を主張し、駒の前進を試みること、④主張した事実がすべて認定されると駒が裏返り、まさに望んだ法律効果が発生すること、を頭に入れておいてください。

　そのうえで、22ページの**図2**のように読み取ります。

【図1】

請求原因事実

1　Ｘは、Ｙに対し、令和6年4月1日、本件ギターを代金100万円で売った。

代金支払請求権の発生
①財産権移転約束
②代金支払約束

消滅

弁済の抗弁による代金支払請求権の消滅
❶債務の本旨に従った給付
❷給付と債権との結びつき

抗弁事実

弁済の抗弁

　Ｙは、Ｘに対し、令和6年5月1日、本件債務の履行として、100万円を支払った。

原告

発生				発生
消滅	①		②	消滅
勝訴				請求棄却
障害				障害
阻止				阻止

被告

【図2】

代金支払請求権の発生
①財産権移転約束
②代金支払約束

発生

請求原因事実
1　Xは、Yに対し、令和6年
4月1日、本件ギターを代金
100万円で売った。

読み取り方その3
代金支払請求権の発生
を基礎づける要件事実
を具体的に主張する際
は、このように表現す
るのだな。

読み取り方その2
代金支払請求権の発生
を基礎づける要件事実
は2つあるのだな。

読み取り方その1
原告は代金支払請求権
の発生を主張するか
ら、発生の駒を前進さ
せる必要があるのだ
な。

消滅

弁済の抗弁による代金
支払請求権の消滅
❶債務の本旨に従った
　給付
❷給付と債権との結び
　つき

抗弁事実
弁済の抗弁
　Yは、Xに対し、令和6年5
月1日、本件債務の履行とし
て、100万円を支払った。

読み取り方その4
弁済によって代金支払
請求権は消滅するか
ら、消滅の駒を前進さ
せるのだな。

読み取り方その5
弁済の抗弁を基礎づけ
る要件事実は2つあ
るのだな。

読み取り方その6
弁済の抗弁を基礎づける
要件事実を具体的に
主張する際は、このよ
うに表現するのだな。

　なお、**まとめ**では、参考として再抗弁について記載したものがあります。あ
わせておさえていきましょう。

第 2 章　書き方の確認

　第2章では、訴訟物、請求の趣旨、主要事実、認否等の書き方の基本を確認します。この点、実際の実務においてきわめて重要な役割を担う間接事実・補助事実・事情といった主要事実以外の事実を、試験においては記載してはならないことが重要なポイントとなります。このような試験特有の問題もあるため注意してください。

2−1 訴訟物の書き方

　訴訟物とは、審判の対象となる権利または法律関係のことをいいます。

　訴訟物は、請求権の法的性質を明らかにすることによって特定します。そのため、原告の求める判決が「金を支払え」である場合、その根拠が、売買契約に基づき発生する代金支払請求権なのか、消費貸借契約に基づき発生する貸金返還請求権なのかといった、法的性質を明らかにして表現しなければなりません。

　また、附帯請求がある場合、附帯請求も主たる請求と並んで独立の訴訟物となるため、これについても法的性質を明らかにしたうえで表現する必要があります。

　原告の求める判決が「金を支払え」である場合の、代表的な訴訟物として以下のものがあげられます。

【売買の代金を相手が支払ってくれないケースの訴訟物】
　→　売買契約に基づく代金支払請求権

【貸した金を相手が支払ってくれないケースの訴訟物】
　→　消費貸借契約に基づく貸金返還請求権

【賃料を相手が支払ってくれないケースの訴訟物】
　→　賃貸借契約に基づく賃料請求権

より詳細には、訴訟物が「物権」であれば、①権利の主体、②権利の客体（目的物）、③権利内容（権利類型）によって特定され、訴訟物が「債権」であれば、①権利の主体（債権者）、②義務者（債務者）、③権利の内容（権利類型と給付内容）、④発生原因によって特定されます。

　たとえば、甲建物の所有者Xが不法占拠者Yに対して甲建物の明渡しを求めている訴訟の場合、訴訟物は「XのYに対する甲建物の所有権に基づく返還請求権としての建物明渡請求権」となります。

　また、売主Xが買主Yに対して、令和〇年10月1日、甲建物を代金100万円で売ったことに基づき、代金の支払を求めている訴訟の場合、訴訟物は「XY間で令和〇年10月1日締結された甲建物の代金100万円での売買契約に基づくXのYに対する代金100万円の支払請求権」となります。

　しかし、通常は、前段のケースでは、「所有権に基づく返還請求権としての建物明渡請求権」が訴訟物であるとされ、後段のケースであれば「売買契約に基づく代金支払請求権」が訴訟物であるとされます。

　これは、訴訟物の特定要素をどこまで具体的に記載しなければならないかは、他の訴訟物と誤認混同を生じる可能性があるか否かという相対的な問題にすぎないため、簡略化されることによります（「新問題研究」4頁等）。

　「道」シリーズにおいてもこれに倣い、簡略化した記載にとどめています。認定考査における解答もこれに倣えば足ります。

2−2 請求の趣旨の書き方

1 総　論

　訴えによって求める判決内容の結論的・確定的な表示を請求の趣旨といいます。

　請求の趣旨では、原告の求める判決主文と同一の文言で表現する必要があるため、原告の請求内容（どのような権利または法律関係を訴訟物とするのか、どのような範囲で求めるのか）と、判決の形式（給付・確認・形成のいずれか）を明示します。

　給付請求訴訟においては、どのような法的性質の給付請求権に基づくのかということを記載しないことがポイントとなります。これには、請求の趣旨に給付内容だけを簡潔に記載することで、強制執行の際に実質的判断をしなくてすむ

24

ようにする意味があります。

　認定考査では、給付訴訟を前提とする問題が毎年出題されているため、以下では給付訴訟における請求の趣旨の書き方を確認していきます。

2　給付訴訟における主たる請求・附帯請求の請求の趣旨

　原告の請求内容が金銭の支払を目的としている場合には、求める金額の支払だけを、以下の例のように単純に表示します。

> 　被告は原告に対して、○○円を支払え
> との判決を求める。

　金銭の支払がどのような法的性質の給付請求権に基づくかを書くことはしません。したがって、売買契約を根拠に100万円の支払を求める場合も、金銭消費貸借契約を根拠に100万円の支払を求める場合も、「被告は原告に対して、100万円を支払え」と書くことになります。また、一部請求の場合であっても、請求の趣旨においてこれを明示する必要はありません。

　附帯請求として、利息や遅延損害金の支払を求める場合には、以下の例のようになります。

> 　被告は原告に対して、○○円および、令和○年○月○日から支払済みまで年○分の割合による金員を支払え
> との判決を求める。

　この場合においても、請求の趣旨において法定性質を示すことはできないため、「被告は原告に対して、売買代金○○円を支払え」とか、「……年○分の割合による利息を支払え」といった表記は誤りとなるので注意が必要です。

3　給付訴訟において付随的申立てを含む請求の趣旨

　給付の訴えにおいては、訴訟費用についての記載と、仮執行宣言についての記載を以下の例のように記載することが慣習となっています。

> 1　（訴訟物についての請求が記載されている）
>
> 2　訴訟費用は被告の負担とする
>
> との判決ならびに仮執行の宣言を求める。

　上記の申立ては、付随的申立てといわれ、原告がする訴訟物についての請求以外の申立てを意味します。

　認定考査では、請求の趣旨の記載を求める問いにおいて、「（なお、付随的申立ては除く。）」の指示があることが多いため注意を要します。もっとも、本書においては、理解を深めるため、あえて付随的申立てを含む記述を求める問いも用意しています。そのため、問題文を読む際、細心の注意を払ってください。

2－3 請求原因事実・要件事実の書き方

1　特定請求原因と理由づけ請求原因

　本来、当事者の攻撃防御方法は、弁論の終結にいたるまでに提出すればよいという建前（適時提出主義　民訴156）を採用していることから、訴状における必要的記載事項としては特定請求原因のみが求められ、理由づけ請求原因は除外されています。そのため、訴え提起の段階においては、訴訟物を特定するに足りる事実を訴状に記載すれば足りるはずです。

　しかし、期日における審理を充足させ、迅速に求めている判決を得るためには、当事者の主張立証関係を早期に明らかにすることが望まれます。このことから、訴状には特定請求原因のほか、理由づけ請求原因を記載すべきことが要請されており（民訴規53Ⅰ）、できるかぎり、訴状には請求を理由づける具体的事実の記載が求められています。

　認定考査においても、請求原因事実（＝理由づけ請求原因）の記載が求められているため、解答に特定請求原因しか記載されていなければ、減点を免れないので注意が必要です。

　もっとも、理由づけ請求原因は特定請求原因を包含する関係にあるため、結局のところ認定考査対策としては、特定請求原因を意識する必要はなく、理由づけ請求原因を正確におさえておけば足ります。

2　要件事実ごとの整理

　認定考査においては、「要件事実ごとに適宜番号等を付して整理して記載すること」という指示があります。そのため、「1　……。2　……。」というようにして、要件事実ごとの記載を心掛ける必要があります。

　このとき、必要があれば項ごとの見出しを付けて整理することもできます。たとえば、後述する評価根拠事実を摘示する際には、「過失の評価根拠事実」というように見出しを付したうえで事実を摘示し、自己がいかなる趣旨でそのような事実を摘示するのかを、正確に相手にくみ取ってもらえるように工夫します。

　また、必要があれば項内を細分化して記載することもできます。細分の符号の順番は「1、(1)、ア、(ア)、a、(a)」などの例によります（「民事弁護の手引」113頁）。

　もっとも、実務では、常に要件事実ごとに項目を別にして記載しているわけではないことや、これを厳密に捉えると不自然な表現となる場合がでてくることから、できるかぎりの整理がなされていれば認定考査において減点の対象とはならないものと考えられます。たとえば、代金支払請求権の発生を基礎づける要件事実は①財産権移転約束と、②代金支払約束ですが、通常はこれを分けずに「XはYに対し、令和○年○月○日、甲を代金100万円で売った。」という一文で表現しており、認定考査においてもこの表現で足ります。

　そのため、要件事実ごとの整理を厳密に捉えすぎず、一般的な整理のもとで表現できればよいと考えてください。具体的な表現方法は、第3章において確認します。

3　認定考査における注意点

　請求原因事実・要件事実の記載においてもっとも注意しなければならないのは、法律効果を導くのに必要不可欠な要件事実以外の事実を記載しないことです。なぜなら、実務においてはきわめて重要な役割を担う間接事実や、補助事実、事情にあたる事実を、認定考査において解答用紙に記載すると、減点の対象となってしまうからです。

　これは、主要事実以外の事実を解答用紙に記載してしまうと、一連の社会的事実のなかから、要件事実にあたる具体的事実を抽出する能力がないという評価がなされることによります。

4 よって書き

　実務上は、理由づけ請求原因の最後に「よって、……」として請求原因事実から得られる法律上の主張を要約記載するのが通例となっています。たとえば、「よって、原告は、被告に対して、本件売買契約に基づき、代金○万円の支払を求める。」の要領で記載します。これをよって書きといいますが、認定考査においては、設問中に「なお、いわゆる『よって書き』は記載することを要しない。」という指示があるため、解答用紙にはそのような記載をしません。

5 顕著な事実

　顕著な事実は立証を要せず（民訴 179）、すでに経過した日時においては実務上その主張すら省略するのが通常です。しかし、認定考査においては、自らの理解を示すために、すでに経過した日時についてもこれを摘示するのが無難です。

6 到来と経過

　期限の到来と経過とでは意味が異なります。たとえば、5 月 5 日の到来といえば、5 月 5 日 0 時になったことを意味し、5 月 5 日の経過といえば、5 月 5 日 24 時を過ぎることを意味します。そのため、ある期限の到来を法律効果の発生要件とする場面（e.g. 弁済期）と、ある期限の経過を法律効果の発生要件とする場面（e.g. 履行遅滞）とで、正確にこれを使い分ける必要があります。

7 日付による具体的事実の特定（時的因子）と時的要素

　要件事実に該当する具体的事実は、相当な程度において特定されることを要します。歴史的に 1 つしかない事実であれば特段の特定を要しませんが、通常は同種行為がほかにも存在するため、どの事実が問題となっているのかを明らかにする必要があるのです。

　具体的には行為の日を記載することで、問題となっている事実を特定します（「民事弁護の手引」111 頁）。

　たとえば、X が Y に対して腕時計を売ったケースでは、「X は Y に対し、SX100 の腕時計を、代金 60 万円で売った。」と記載するだけでなく、契約締結日を必ず記載するよう心掛けます。契約締結日は売買契約の成立要件ではあり

ませんが、契約を特定するために記載するのです。

　このように、問題となっている事実を特定するための時間の摘示を時的因子といいます。

　これに対し、事実相互の時間的な先後関係が、要件事実の一部となっているものを時的要素といいます。たとえば、代理による契約が問題となっている場合、代理権の授与が、代理行為に先立ってなされていることを要件事実の要素として主張立証しなければなりません。なぜなら、代理権の授与が代理行為に遅れる場合、代理人がした意思表示ということはできないからです。そのため、代理権の授与が代理行為に先立つことは時的要素となります。

8　規範的要件と評価根拠事実

　不法行為の成立を基礎づける過失（民709）や、表見代理の成立を基礎づける正当な理由（民110）、建物賃貸借契約の解約申入れを基礎づける正当の事由（借地借家28）などは、単に「Yには過失があった」「代理人の権限を信じたことには正当な理由があった」などと主張するだけでは足りません。

　これらは規範的要件といい、規範的評価（法的評価）の成立が所定の法律効果の発生要件となるものだからです。

　そのため、実際に規範的評価を成立させるべく、その成立を根拠づける具体的事実の主張立証が必要となります。

　たとえば、交通事故での不法行為の成立を主張する者は、「Yは赤信号を無視して交差点内に侵入してきた」といった、過失の存在を基礎づける具体的事実を主張立証することで、裁判官に「Yには過失があった」と法的に評価してもらうことになります。

　ここに、規範的評価の成立を根拠づける具体的事実のことを評価根拠事実といいます。

　規範的要件であるのに評価根拠事実を示さず、単にその規範的要件の存在を主張した場合（e.g. Yには過失があった）、要件事実の主張とは認められず、主張自体失当として、主張の効果が認められないので、注意が必要です。

　評価根拠事実は、具体的事実であることを要し、評価根拠事実を摘示するなかで、法的評価は記載しません。

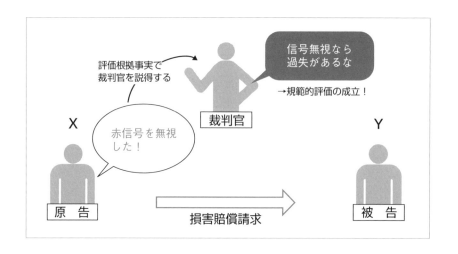

9 主張共通の原則と事実摘示の省略

　当事者と裁判所の役割分担の問題から、裁判所は、当事者のいずれが主張した事実かを問わず、当該事実を判決の基礎とすることができます（主張共通の原則）。そのため、たとえば被告が抗弁のなかで主張立証すべき要件事実につき、すでに原告の請求原因事実のなかで摘示されているものがあれば、被告は重ねてその事実を摘示する必要がなくなります。

　もっとも、認定考査の解答として主張共通の原則の観点から摘示を省略した場合、採点者には理解したうえで省略しているのか、理解不足のために書かれていないのかを、ただちに判断することができません。そのため、解答の際は省略するのが一般的な場合を除き、「請求原因1と同じ。」の要領で引用により摘示するのが安全といえます。

2-4 認　否

1 総　論

　認否は、事案に即してわかりやすく記載する必要があります。認定考査においても、認否の記載を求める小問中に「なお、記載にあたっては……番号を付して整理した要件事実ごとに認否を記載すること。」という注意書きがあります。そのため、答案を作成する際は、相手方の主張のうち一部を認め、その他を否認する場合でも、実務上みられる「請求原因1は認め、その余は否認する。」

といった記載をするのではなく、「請求原因1は認める。請求原因2、3、および4は否認する。」といった記載をすべきことになります。

　ちなみに、相手方の主張のうち一部を認め、その他を否認する場合には、「請求原因○○は認め、その余は否認する。」と記載すべきで、「請求原因○○は否認し、その余は認める。」とすべきではありません。なぜなら、後に記載した方法によると、認めるべきでなかった事実まで包含する可能性があるうえに、一度自白が成立してしまうとこれを後から撤回することは容易でないからです（最判昭34.9.17、大判大4.9.29）。

2　具体的記載方法

　認否の態様としては、否認、不知、沈黙、自白、争うの5つがあります。

　否認は、「請求原因○○は否認する」として表現します。このとき、否認をする者には、争点を明確にするため、その理由を明らかにすることが要請されています（民訴規79Ⅲ）。すなわち、否認においては単純に相手方の主張する事実につき「否認する」と陳述するだけでなく、いかなる理由で否認するのかを明らかにすることが要請されているのです。これを積極否認または理由付否認といいます。なお、積極否認をする際、その分量が多くなるときは、実務上、認否とは別に被告の主張として別の項を設けて記載することがあります。

　不知は、「請求原因○○は知らない」または「請求原因○○は不知」として表現します。

　沈黙は相手方の主張に対して明確な態度を示さないことをいうので、「請求原因○○については沈黙する」とはしません。

　自白は、「請求原因○○は認める」として表現します。

　争うは、法律上の主張を否認する場合に用いる用語です。そもそも、法律上の主張は、事実の摘示ではないため、認否する必要のないものですが、実務上は、法律上の主張やよって書きに対して「争う」と記すことがあります。

3　顕著な事実に対する認否の要否

　そもそも認否は、要証事実と不要証事実とを分けることにその意味があります。そのため、顕著な事実（民訴179）に対して認否する必要はありません。たとえば、「令和6年4月1日は経過した」と相手方が主張したのに対して、これ

を認める旨の陳述をわざわざする必要はありません。

4 先行自白の援用

　相手方の主張のなかに先行自白があるのであれば、これを援用することで自白の拘束力が生じるため、認否のなかで援用する旨を明記します。

第 2 部

各 論

第 3 章　金銭請求
売買契約に基づく代金支払請求訴訟

3-1 請求原因（主たる請求）・同時履行の抗弁

1 事　例

【Xの言い分】

わたしは、Yに対し、令和6年4月1日、わたしの所有していたギター（以下「本件ギター」という）を、代金100万円、代金の支払期日は同年5月1日という約束で売りました。

ところが、Yは支払期日を過ぎても代金を支払ってくれません。そこでわたしは、Yに対して代金100万円の支払を求めます。

① 訴訟物を答えなさい。

② 請求の趣旨を答えなさい（付随的申立てを含む）。

③ 請求原因事実を答えなさい（いわゆる「よって書き」は不要とする）。

【Yの言い分】

わたしとXとの間で、本件ギターの売買契約が締結されたことは間違いありませんが、わたしはまだ、本件ギターを引き渡してもらっていません。本件ギターと引換えでなければ、代金を支払うつもりはありません。

④ Yの抗弁の要件事実を答えなさい。

2　解答例と解説

（1）訴訟物

> 売買契約に基づく代金支払請求権

　代金の支払期日が経過している場合、原告は、代金の支払に加え、附帯請求として代金の利息の支払（民575Ⅱ本文）を請求しえます（**3－2**参照）。しかし、本設例では、Xは「代金100万円の支払を求めます。」としか述べていないため、ここでは附帯請求を考慮しません。問題に応じて、当事者が何を主張しているのか、あるいは解答として求められている記述は何かを正確に読みとる必要があります。

（2）請求の趣旨

> 1　被告は、原告に対し、100万円を支払え
> 2　訴訟費用は被告の負担とする
> との判決ならびに仮執行の宣言を求める。

　請求の趣旨においては、金銭の支払がどのような法的性質の給付請求権に基づくのかの記載を要しません（**2－2**参照）。したがって、「被告は、原告に対し、売買代金100万円を……」というような誤った記載とならないように注意を要します。また、金額の数字の前に「金」の文字は付けません（現行実務）。

（3）請求原因事実

要件事実
①財産権移転約束
②代金支払約束

記載例

> 　Xは、Yに対し、令和6年4月1日、本件ギターを代金100万円で売った。

　売買契約に基づく代金支払請求権の発生を基礎づける要件事実（請求原因事実）は、①財産権移転約束、②代金支払約束です（民555）。主要事実を主張する際には、目的物と代金額を具体的に示す必要があります。

　具体的には、「Xは、Yに対し、令和6年4月1日、本件ギターを代金100万円で売った。」というような記載になります。この表現には、要件事実となる①②が内包されています。

　なお、主たる請求だけが問題となる場合には、代金支払期日や、目的物引渡

しの事実は記載しません。なぜなら、試験においてはさまざまな事実のなかから、原告が主張すべき必要最小限の主要事実を取捨選択する能力があることを示す必要があるため、過剰主張は避けなければならないからです。したがって、少なくとも答案上は「売り渡した」と記載すると、要件事実を正確に理解していないという評価がなされ、減点されるおそれがあるため注意を要します。

（4）抗　弁

要件事実
❶同時履行の権利主張

記載例

同時履行の抗弁
　Yは、Xが本件ギターを引き渡すまで、その代金の支払を拒絶する。

被告が同時履行の抗弁（民533）を主張すれば、売主は目的物を引き渡すまで代金支払請求権を行使することができません。被告の同時履行の抗弁により、代金支払請求権の行使が阻止されるのです。

同時履行の抗弁は権利抗弁であり、当事者がこれを援用することが要件となります。

代金支払請求に対する同時履行の抗弁が問題となる場合には、請求原因段階で当然に売買契約締結の事実が主張・立証されるため、主張共通の原則により、被告が重ねて目的物引渡債務と代金支払債務とが同時履行の関係にあることを基礎づける事実を摘示することを要せず、また、摘示しないのが通常です。

3－1をまとめると、次のページの図のようなイメージになります。

代金支払請求と同時履行の抗弁　　　　まとめ

訴訟物

　売買契約に基づく代金支払請求権

請求の趣旨

　1　被告は、原告に対し、100万円を支払え

　2　訴訟費用は被告の負担とする

との判決ならびに仮執行の宣言を求める。

請求原因事実

　Xは、Yに対し、令和6年4月1日、本件ギターを代金100万円で売った。

代金支払請求権の**発生**
①財産権移転約束
②代金支払約束

同時履行の抗弁による代金支払請求権の権利行使の**阻止**
❶同時履行の権利主張

抗弁事実

同時履行の抗弁

　Yは、Xが本件ギターを引き渡すまで、その代金の支払を拒絶する。

再抗弁事実

先履行の合意の再抗弁

　本件売買契約において、Yの代金支払債務を、Xの本件ギターの引渡し債務よりも先に履行するとの合意をした。

【参考】
同時履行の抗弁を**障害**する先履行の合意の再抗弁
①先履行の合意

再抗弁事実

引渡しの再抗弁

　令和◯年◯月◯日、XはYに対し、本件ギターを引き渡した。

【参考】
同時履行の抗弁を**障害**（または**消滅**）する引渡しの再抗弁
①引渡し

3-2 請求原因（主たる請求・附帯請求）

1 事 例

> 【Xの言い分】
>
> 　わたしは、Yに対し、令和6年4月1日、わたしの所有していたギター（以下「本件ギター」という）を、代金100万円、代金の支払期日は同年5月1日という約束で売り、同日、本件ギターをYに引き渡しました。
>
> 　ところが、Yは支払期日を過ぎても代金を支払ってくれません。そこでわたしは、Yに対して代金100万円および遅延損害金の支払を求めます。
>
> ① 主たる請求および附帯請求の訴訟物を答えなさい。
> ② 請求の趣旨を答えなさい（附帯請求を含み、付随的申立ては除く）。
> ③ 主たる請求および附帯請求の請求原因事実を答えなさい（いわゆる「よって書き」は不要とする）。記載にあたっては、主たる請求と附帯請求とを分けて、適宜要件事実ごとに整理して記載すること。

2 解答例と解説

（1）訴訟物

> 主たる請求：売買契約に基づく代金支払請求権
> 附 帯 請 求：代金支払債務の履行遅滞に基づく損害賠償請求権

　本事例では、解答例のとおり2個の訴訟物を示す必要があります。

　附帯請求として、民法575条2項本文にいう利息の支払を請求する場合、その法的性質をいかに解すべきかにつき争いがあります。同条の「利息」を遅延損害金と捉えるのが遅延損害金説で、この見解によれば附帯請求の訴訟物は履行遅滞に基づく損害賠償請求権となります。同条の「利息」を法定利息と捉えるのが法定利息説で、この見解によれば附帯請求の訴訟物は法定利息請求権となります。この点、実務は遅延損害金説によるため、解説はこれを前提として

います。

（2）請求の趣旨

> 　被告は、原告に対し、100万円およびこれに対する令和6年5月2日から支払済みまで年3分の割合による金員を支払え
> との判決を求める。

　請求の趣旨においては、金銭の支払がどのような法的性質の給付請求権に基づくのかの記載を要しません。したがって、「被告は、原告に対し、売買代金100万円を……」との記述はもちろんのこと、「……年3分の割合による損害金を支払え」というような誤った記載とならないように注意を要します。

　金銭債務の不履行の場合、当然に法定利率（民404）の割合による損害金の請求が可能です（民419 I本文）。

　この点、債権法改正により法定利率変動制が採用されたため、「債務者が遅滞の責任を負った最初の時点における法定利率」に着目する必要があります。法定利率の見直しは3年ごとに行われますが（民404 III）、第2期（令和5年4月1日から令和8年3月31日まで）の法定利率は3パーセントのまま変動しないこととなりました。

（3）請求原因事実

要件事実	記載例
主たる請求 ①財産権移転約束 ②代金支払約束	**主たる請求** 1　Xは、Yに対し、令和6年4月1日、本件ギターを代金100万円で売った。
附帯請求（損害賠償請求権） ① XY間での売買契約を締結したこと ②代金支払債務の履行期の経過 ③XのYに対する契約に基づく目的物の引渡し ④上記②、③のいずれか遅	**附帯請求（損害賠償請求権）** 1　主たる請求1と同じ。 2　Xは、Yとの間で、主たる請求1の契約締結の際、代金支払期を令和6年5月1日とする合意をした。 3　Xは、Yに対し、令和6年4月1日、主たる請求1の売買契約に基づき、本件ギターを引き渡した。

| い時からの期間の経過 | 4　令和6年5月1日は経過した。 |

　附帯請求の要件事実①については、主たる請求において主張済みであるため、実務上は重複して摘示する必要はありませんが、認定考査においてはこれを省略せずに「1　請求原因1の1と同じ。」の要領で引用すべき指示があるため、記載例ではこれに倣って引用記載しています。

　附帯請求の要件事実②は、履行遅滞を基礎づける要件として主張します。この点、履行期の種類によって主張すべき要件事実が変化するため、問題となっている事例がどの種類に属するのかを見極める必要があります。

　履行期が確定期限である場合（事例のケース）には、以下のとおりとなります。

| 要件事実
　代金支払債務の履行期の合意とその経過 | **記載例**
1　Xは、Yとの間で、主たる請求1の契約締結の際、代金支払期を令和○年5月1日とする合意をした。
2　令和○年5月1日は経過した。 |

　代金支払債務の履行期の定めがない場合には、以下のとおりとなります。

| 要件事実
①債務者に対する催告
②催告日が経過したこと | **記載例**
1　XはYに対し、令和○年5月1日、売買代金を支払うように催告した。
2　令和○年5月1日は経過した。 |

　附帯請求の要件事実③については、せり上がりの観点から**目的物の引渡しの提供**を主張立証する必要が生じます。すなわち、履行遅滞による損害金が発生するためには履行遅滞の状態が違法性を有することを要しますが、主たる請求の要件事実①の売買契約締結の事実より、同時履行の抗弁権の存在が基礎づけられてしまい、これが履行遅滞の違法性を阻却するため、同時履行を否定する事実を合わせて陳述しなければ主張自体失当となってしまうのです（**1－15**参照）。そのため、履行遅滞状態の違法性を基礎づけるため、目的物の引渡し

の提供をしたことの陳述を要します。

　しかし、民法 575 条 2 項の規定により利息の支払を求める場合には、せり上がりの主張として**目的物の引渡しの提供だけでは足りない**ことに注意が必要です。同項には、「買主は、引渡しの日から、代金の利息を支払う義務を負う。」と規定されているため、**目的物を買主に引渡し済みであることまで主張立証し**なければならないのです。

　附帯請求の要件事実④は、民法 575 条 2 項ただし書が、「ただし、代金の支払について期限があるときは、その期限が到来するまでは、利息を支払うことを要しない。」と定めていることから要求される要件です。すなわち、売主が目的物を引き渡したとしても、代金の支払期限がまだ到来していないのであれば利息を支払う必要はなく（民 575 Ⅱただし書）、また、代金の支払期限が到来していたとしても、目的物の引渡しを受けるまでは利息を支払う必要がないため（同条Ⅱ本文反対解釈）、この利息を請求する者は、履行期の経過と、目的物の引渡しのいずれか遅い時を主張立証することになります。

　なお、金銭債務の不履行に基づく損害賠償を請求する場合、「損害の発生」については主張立証する必要がありません。金銭債務の不履行については、損害の証明を要せずして損害賠償請求が可能である旨の特則が民法 419 条 2 項におかれているからです。

訴訟物

　主たる請求：売買契約に基づく代金支払請求権

　附 帯 請 求：代金支払債務の履行遅滞に基づく損害賠償請求権

請求の趣旨

　　被告は、原告に対し、100万円およびこれに対する令和6年5月
2日から支払済みまで年3分の割合による金員を支払え
との判決を求める。

請求原因事実（主たる請求）

1　Xは、Yに対し、令和6年4月1日、本件ギターを代金100万円で売った。

代金支払請求権の発生
　①財産権移転約束
　②代金支払約束

発生

請求原因事実（附帯請求）

1　主たる請求1と同じ。

2　Xは、Yとの間で、主たる請求1の契約締結の際、代金支払期を令和6年5月1日とする合意をした。

3　Xは、Yに対し、令和6年4月1日、主たる請求1の売買契約に基づき、本件ギターを引き渡した。

4　令和6年5月1日は経過した。

履行遅滞に基づく損害賠償請求権の発生
　①XY間での売買契約を締結したこと
　②代金支払債務の履行期の経過
　③XのYに対する契約に基づく目的物の引渡し
　④上記②、③のいずれか遅い時からの期間の経過

発生

3－3 弁済の抗弁

1 事 例

> **3－1**における【Xの言い分】を前提とする、以下の【Yの言い分】に基づく問いに答えなさい。
>
> 【Yの言い分】
> 　わたしとXとの間で、本件ギターの売買契約を締結したことは間違いありません。しかし、わたしは令和6年5月1日にXの自宅へ赴き、約束どおり100万円の支払をすませています。
> ① Yの抗弁の要件事実を答えなさい。

2 解答例と解説

(1) 抗 弁

> **要件事実**
> ❶債務の本旨に従った給付
> ❷給付と債権との結びつき

記載例

> **弁済の抗弁**
> 　Yは、Xに対し、令和6年5月1日、本件債務の履行として、100万円を支払った。

　弁済により、債権は目的を達して消滅します（民473）。したがって、弁済は原告の主張する売買契約に基づく代金支払請求権の消滅を基礎づける、被告が主張立証すべき抗弁と位置づけられます。

　弁済を基礎づける要件事実は、❶債務の本旨に従った給付があること、❷この給付が本件の債務についてのものであること、と理解されていますが、通常は上記記載例のように一括して記載します。ただし、弁済について争いがある場合には、以下のように❶、および❷を分けて記載します。

記載例

> 1　Yは、Xに対し、令和6年5月1日、100万円を弁済として交付した。
> 2　Yは、同日、原告に対して、本件売買代金債務以外の債務を有して

いなかった。

代金支払請求と弁済の抗弁 まとめ

弁済の抗弁による代金
支払請求権の消滅
❶債務の本旨に従った
　給付
❷給付と債権との結び
　つき

抗弁事実

弁済の抗弁

　Yは、Xに対し、令和6年5
月1日、本件債務の履行として、
100万円を支払った。

or

抗弁事実

弁済の抗弁

1　Yは、Xに対し、令和6年
　5月1日、100万円を弁済と
　して交付した。
2　Yは、同日、原告に対して、
　本件売買代金債務以外の債
　務を有していなかった。

3－4 代物弁済の抗弁

1 事 例

> **3－1**における【Xの言い分】を前提とする、以下の【Yの言い分】に基づく問いに答えなさい。
>
> 【Yの言い分】
> 　わたしとXとの間で、本件ギターの売買契約を締結したことは間違いありません。しかし、後日わたしの家に遊びに来たXが、わたしがウィーンで購入してきた、今、世界で注目を集めている画家の絵画（以下「本件絵画」という）を大変に気に入り、これをほしいと言ってきました。そこで、ギターの代金の代わりに本件絵画を引き渡すのではどうかと提案したところ、Xがこれを承諾したため、その翌日である令和6年5月14日、梱包した本件絵画をXの自宅へ届けています。ですから、代金の支払を求められる理由はないはずです。
> ① 　Yの抗弁の要件事実を答えなさい。

2 解答例と解説

（1）抗 弁

要件事実

❶代物弁済により消滅する債務の発生原因事実

❷❶の債務の弁済に代えて動産の所有権を移転する旨の合意をしたこと

❸❷の合意に基づき動産を引き渡したこと

❹債務者が上記❷の当時その動産を所有していたこと

記載例

代物弁済の抗弁

1　Yは、Xとの間において、令和6年5月13日、本件売買代金債務の支払に代えて、本件絵画の所有権を移転するとの合意をした。

2　令和6年5月14日、上記1の合意に基づきXに本件絵画を引き渡した。

3　Yは、令和6年5月13日当時、

本件絵画を所有していた。

　債務者が債権者の承諾をもって、その負担した給付に代えて他の給付をすることを代物弁済といい、その給付は弁済と同一の効力を有するとされています（民482）。したがって、当該代物弁済が効力を生ずれば、発生した代金支払請求権の消滅が基礎づけられるため、被告が主張立証すべき抗弁として位置づけられます。

　要件事実❶については、請求原因事実として原告がすでに陳述しているため、重ねて被告の側で主張しないのが通常です（主張共通の原則）。

　要件事実❸については、「弁済者が当該他の給付をしたときは、その給付は、弁済と同一の効力を有する」と規定されていることから要求される要件事実です（民482）。

　要件事実❹は、代物弁済による債務消滅の効果が生じるためには所有権が移転したことを要し、所有権移転のためには、前主が所有していたことが必要であるため要求される要件事実となります（「30講」235頁）。

代金支払請求と代物弁済の抗弁　　　　まとめ

消滅

代物弁済の抗弁による
代金支払請求権の消滅
❶代物弁済により消滅する債務の発生原因事実
❷❶の債務の弁済に代えて動産の所有権を移転する旨の合意をしたこと
❸❷の合意に基づき動産を引き渡したこと
❹債務者が上記❷の当時その動産を所有していたこと

抗弁事実
代物弁済の抗弁
1　Yは、Xとの間において、令和6年5月13日、本件売買代金債務の支払に代えて、本件絵画の所有権を移転するとの合意をした。
2　令和6年5月14日、上記1の合意に基づきXに本件絵画を引き渡した。
3　Yは、令和6年5月13日当時、本件絵画を所有していた。

3-5 履行遅滞による解除の抗弁

1 事 例

3-1における【Xの言い分】を前提とする、以下の【Yの言い分】に基づく問いに答えなさい。

【Yの言い分】

わたしとXとの間で、本件ギターの売買契約を締結したことは間違いありません。しかし、わたしは令和6年5月1日にXの自宅へ赴き、約束どおり100万円の支払をすませようとしたにもかかわらず、その時Xは理由も告げずに代金の受領を拒絶し、ギターも引き渡してはくれなかったのです。不審に思ったわたしは、Xの友人にあたって調べてみたところ、Xの知り合いのギタリストAが、コンサートに使用するために本件ギターをしばらく貸してほしいと頼み込み、Xがこれに応じていることがわかりました。わたしとの契約を差し置いて勝手なことをしているXに腹が立ったわたしは、令和6年5月3日、即時にわたしにギターを引き渡すよう催告しました。しかし、Xからは何の反応も返ってこなかったため、これ以上は付き合いきれないと思い、同月15日到達の書面をもって、本件売買契約を解除する意思表示をしました。

① Yの抗弁の要件事実を答えなさい。

2 解答例と解説

要件事実

❶ YがXに対して目的物の引渡しを催告したこと

❷❶の催告後、相当期間が経過したこと

❸ YがXに対して❷の期間経過後、解除の意思表示

記載例

履行遅滞による解除の抗弁

1 Yは、Xに対し、令和6年5月3日、本件ギターを引き渡すように催告した。

2 催告後、相当期間の末日である同年5月14日が経過した。

3 Yは、Xに対し、同年5月15日到

をしたこと ❹ Y が X に対して解除の効力発生前に反対給付の提供をしたこと	達の書面をもって、本件売買契約を解除するとの意思表示をした。 4　Y は X に対し、同年 5 月 1 日、X の自宅へ赴き、本件売買代金全額の提供をしている。

履行遅滞により発生した解除権を行使して契約を解除すれば、契約関係は遡求的に消滅し、契約ははじめからなかったものとされるのと同様の効果が生じます（大判大 6 . 12. 27　直接効果説）。これにより、原告の主張する売買契約に基づく代金支払請求権の発生が障害されます。

そのため、履行遅滞解除は、被告が主張立証すべき抗弁と位置づけられます。

履行遅滞の前提として、遅滞に陥る目的物引渡債務の存在を基礎づける必要がありますが、これについては原告が主張する請求原因によって基礎づけられるため、被告が重ねて主張しないのが通常です（主張共通の原則）。

要件事実❶は、履行期限の定めのない場合においては、履行遅滞を基礎づけるために必要となります（民 412 Ⅲ）。

また、要件事実❶には、民法 541 条の規定による解除権の発生を基礎づけるための催告としての意味もあります。

この点について判例は、履行遅滞を基礎づけるための催告と、解除権の発生を基礎づけるための催告は、その意味を別にするものの、無用な繰り返しを避けるため、両催告は兼ねることができるとしています（大判大 6 . 6 . 27）。

要件事実❷については、条文上「相手方が相当の期間を定めてその履行の催告をし、その期間内に履行がない」ことを要件としているため、相当の期間を設けずに催告した場合につき❷の要件をみたしうるのか問題となりますが、この点について判例は、催告の時から客観的に相当な期間を経過することで解除権の発生を認めています（最判昭 31. 12. 6）。また、たとえ不相当な期間を催告の際に告げたとしても、客観的に相当と認められる期間を経過しさえすれば、解除権の発生が基礎づけられます（最判昭 29. 12. 21、最判昭 31. 12. 6 参照）。そのため、催告に際して相当な期間を定めた場合であっても、これを摘示する必要はありません。

　相当期間とは具体的にどれくらいのことをさすのかについては、事案によって一様ではありませんが、通常は1週間から10日ぐらいが目安とされています。なお、本事例のように、期間を定めることなく催告した場合、どの時点を「相当期間の経過」と捉えるべきか迷いますが、解答の際には、解除の意思表示をした日の前日を相当期間の末日と捉え、その日の経過を主張すればよいでしょう。なお、ここで問題となるのはあくまでも相当期間の経過であるため、到来の表現は誤りとなるので注意を要します。

　要件事実❸については、解除の効力は相手方に到達することで生じるため（民97Ⅰ）、到達の事実を含む表現が必要です。なお、単純に解除の意思表示をしたことを示せば足り、解除原因の明示は不要です（最判昭48.7.19）。

　要件事実❹は、せり上がりにより主張立証の必要が生じる事実で、履行遅滞の違法性を基礎づけるために主張します。すなわち、履行遅滞による解除権が発生するためには前提として履行遅滞の状態が違法性を有することを要しますが、請求原因の売買契約締結の事実より、同時履行の抗弁権の存在が基礎づけられてしまい、これが履行遅滞の違法性を阻却するため、解除を主張するYは、同時履行を否定する事実をあわせて陳述しなければ、解除の抗弁は主張自体失当となってしまうのです（**1−15**参照）。そのため、解除権行使の前提となる履行遅滞状態の違法性を基礎づけるべく、反対給付の提供をしたことを陳述します。

　要件事実❹の反対給付の提供は、解除の効力発生前に行われていればよく、必ずしも催告に先立つ必要はありません。

3　解除の意思表示を履行の催告と同時にする場合

　Yによる催告が、催告期間が経過するまでにXが売買目的物の引渡しをしなければ、売買契約を解除するという内容だった場合には、❶❷の要件事実につき後記のとおり摘示することになります。

　なお、解除の意思表示は催告と同時になされているため、催告期間経過後に改めて解除の意思表示をすることを要せず、この点で要件事実❸が変化します。

要件事実

❶YがXに対して目的物の引渡しを催告したこと

❷❶の催告後、相当期間が経過したこと

❸❶の催告の際、催告期間が経過した時に契約を解除するとの意思表示をしたこと

❹省略

記載例

履行遅滞による解除の抗弁

1　Yは、Xに対し、令和6年5月3日、同月14日までに本件ギターを引き渡すように催告するとともに、同月14日が経過したときは本件売買契約を解除するとの意思表示をした。

2　同月14日は経過した。

（以下省略）

履行遅滞による解除の抗弁による代金支払請求権の発生の障害

❶Y が X に対して目的物の引渡しを催告したこと

❷❶の催告後、相当期間が経過したこと

❸Y が X に対して❷の期間経過後、解除の意思表示をしたこと

❹Y が X に対して解除の効力発生前に反対給付の提供をしたこと

抗弁事実

履行遅滞による解除の抗弁

1　Y は、X に対し、令和6年5月3日、本件ギターを引き渡すように催告した。

2　催告後、相当期間の末日である同年5月14日が経過した。

3　Y は、X に対し、同年5月15日到達の書面をもって、本件売買契約を解除するとの意思表示をした。

4　Y は、X に対し、同年5月1日、X の自宅へ赴き、本件売買代金全額の提供をしている。

再抗弁事実

履行の再抗弁

　令和○年○月○日、X は、Y に対し、本件売買契約に基づく債務の履行として、本件ギターを引き渡した。

【参考】
履行遅滞による解除の抗弁を障害する履行の再抗弁

❶債務の本旨に従った給付

❷給付と債権との結びつき

3-6 消滅時効の抗弁

1 事 例

【Xの言い分】

随分前の話になりますが、わたしは、Yに対し、令和4年4月1日、わたしの所有していたギター（以下「本件ギター」という）を、代金100万円、代金の支払期日は同年5月1日という約束で売りました。ところが、Yは現在にいたるまで代金を支払うことなく、時間だけがすぎてしまいました。わたしはYに対し、令和9年2月1日、改めて代金を支払うよう催促したのですが、無視されてしまいました。そこでわたしは、この問題を解消したく、Yに対して代金100万円の支払を求めます。

① 請求原因事実を答えなさい（いわゆる「よって書き」は不要とする）。

【Yの言い分】

わたしとXとの間で、本件ギターの売買契約を締結したことは間違いありません。しかし、わたしは約束どおり、令和4年5月1日に現金にて代金の支払をすませています。しかし、当時Xから発行してもらった領収書はすでに破棄してしまったこともあり、証明することができません。そのため、代金の支払義務は、時効によって消滅していることを主張します。

② Yの抗弁の要件事実を答えなさい。なお、Yの言い分については、令和9年4月2日にXがYに対して提起した訴えに基づき、同年4月20日の口頭弁論期日において主張されたものとする。

③ Xの主張しうる再抗弁の要件事実を答えなさい。なお、再抗弁が複数ある場合には、再抗弁ごとに分けて記載すること。

2 解答例と解説

(1) 請求原因事実

要件事実

①財産権移転約束

②代金支払約束

記載例

> Xは、Yに対し、令和4年4月1日、本件ギターを代金100万円で売った。

(2) 抗 弁

要件事実

❶債権者が権利を行使することができることを知った時

❷上記❶の時から5年間が経過したこと

❸援用権者が相手方に対し時効援用の意思表示をしたこと

記載例

> **消滅時効の抗弁**
> 1　令和9年4月1日は経過した。
> 2　YはXに対し、令和9年4月20日の口頭弁論期日において、時効を援用するとの意思表示をした。

　消滅時効が成立すれば、債権の消滅が基礎づけられます（民166 I）。そのため、消滅時効は、債務者である被告が主張立証すべき抗弁と位置づけられます。

　まず、要件事実❶については、売買代金債権の場合、契約が締結されれば、原告はただちに代金の支払を請求することができるのが原則であり、かつ、原告は権利を行使することができることを知ります。そして、売買契約が締結されたことは原告が主張する請求原因によって基礎づけられているため、被告が重ねて主張することを要しません（主張共通の原則）。

　なお、本事例のように代金支払期日の定めがある場合には、代金支払期日の到来によりはじめて権利を行使できる状態になりますが、権利を行使できる状態になったのが裁判の時点に近くなればなるほど、消滅時効の成立が狭められることになるため、代金支払期日の定めは債権者にとって有利にはたらく再抗弁と位置づけられます。そのため、被告が抗弁の際に主張する必要はありません。

要件事実❷の検討にあたっては、権利を行使できる状態になったその日を算入せずに、必ず翌日から計算することに注意を払う必要があります（大判昭6.6.9）。本事例における抗弁としては、令和4年4月2日を起算日として時効期間を計算します（5年後の応当日令和9年4月2日の前日である同年4月1日24時の経過をもって時効期間満了）。

　要件事実❸は、時効の援用の法的性質をどう理解するかに関わる要件ですが、判例は、時効による債権消滅の効果は時効期間の経過により確定的に生ずるものではなく、時効が援用されたときにはじめて確定的に生ずるものとして、不確定効果説のうち、停止条件説に立っています（最判昭61.3.17）。そのため、時効の援用は債権消滅の効果を基礎づける実体上の要件となり、被告による主張立証が必要となります。

（3）再抗弁その1

要件事実
①代金支払期日の合意

記載例

> **再抗弁1　消滅時効の抗弁に対する代金支払期日の合意の再抗弁**
> 1　XとYは、本件売買契約締結の際に、代金支払期日を令和4年5月1日と合意した。

　本事例のように代金支払期日の定めがある場合には、代金支払期日の到来によりはじめて権利を行使できる状態になります。これにより、消滅時効が完成していないことになれば、消滅時効の効果発生が障害されるため、代金支払期日が合意されている事実は、原告が主張立証すべき再抗弁と位置づけられます。

（4）再抗弁その2

要件事実
①催告の意思表示
②催告の意思表示到達から6か月以内に裁判上の請求をしたこと

記載例

> **再抗弁2　消滅時効の抗弁に対する時効の完成猶予の再抗弁**
> 1　Xは、Yに対し、令和9年2月1日、売買代金を支払うよう催告した。

> ２　Ｘは、Ｙに対し、令和９年４月２日、
> 本件訴えを提起した。

「催告」には、「その時から６箇月を経過するまでの間」時効の完成が猶予される効果が与えられています（民 150 Ⅰ）。

したがって、①催告の意思表示が相手方に到達していること、②それから６か月が経過していないこと、を再抗弁として主張することができます。

６か月以内に裁判上の請求がなされている場合には、「６か月が経過していないこと」に代えて「６か月以内に裁判上の請求をしたこと」を主張します（「伊藤・新民法の要件事実Ⅰ」104 頁）。

裁判上の請求には、当該訴訟が継続する間、時効の完成が猶予される効果が与えられていますが（民 147 Ⅰ①）、本事例のように、被告の主張を前提にすると訴えの提起が時効完成後になってしまう場合には、時効完成前に「催告」した事実をあわせて主張する必要があります。

請求原因事実

　Xは、Yに対し、令和4年4月1日、本件ギターを代金100万円で売った。

代金支払請求権の発生
①財産権移転約束
②代金支払約束

消滅時効の抗弁による代金支払請求権の消滅
❶債権者が権利を行使することができることを知った時
❷上記❶の時から5年間が経過したこと
❸援用権者が相手方に対し時効援用の意思表示をしたこと

※（消滅の矢印図）

抗弁事実

消滅時効の抗弁
1　令和9年4月1日は経過した。
2　YはXに対し、令和9年4月20日の口頭弁論期日において、時効を援用するとの意思表示をした。

再抗弁事実

支払期日の合意の再抗弁
1　XとYは、本件売買契約締結の際に、代金支払期日を令和4年5月1日と合意した。

支払期日の合意の再抗弁による消滅時効の抗弁の障害
①代金支払期日の合意

障害

再抗弁事実

時効の完成猶予の再抗弁
1　Xは、Yに対し、令和9年2月1日、売買代金を支払うよう催告した。
2　Xは、Yに対し、令和9年4月2日、本件訴えを提起した。

時効の完成猶予の再抗弁による消滅時効の抗弁の障害
①催告の意思表示
②催告の意思表示到達から6か月以内に裁判上の請求をしたこと

3－7 請求原因（代理構成）・代理権消滅の抗弁

1 事 例

【Xの言い分】

　わたしは、レコード収集を趣味としていますが、音楽仲間のY から、わたしがオークションで落札したイギリスのロックバンドの レコード（以下「本件レコード」という）を、譲ってくれないかと 以前から言われていました。そんな折、令和6年5月1日、わたし とYとの共通の友人Aが本件レコードの売買に関するY名義の委 任状（令和6年4月1日付け）を持ってわたしを訪ねて来ました。 そこには金100万円にて本件レコードを購入することをAに授権 する旨の記載があり、100万円で買ってもらえるなら悪い話ではな いと思い、これを承諾しレコードを引き渡しました。ところが、A の話では、契約締結日の翌日、Yが代金を支払いにわたしの自宅へ 来るとのことでしたが、Yは支払に来なかったばかりか、Aは自分 の代理人などではないなどと言って、支払を拒絶しています。Yに はすぐに代金100万円を支払ってもらいたいと思っています。

① 訴訟物を答えなさい。

② 請求の趣旨を答えなさい（付随的申立てを含む）。

③ 請求原因事実を答えなさい（いわゆる「よって書き」は不要と する）。

【Yの言い分】

　たしかに、令和6年4月1日、Aに対して、X所有のレコードを 購入することを授権する内容の委任状を渡しました。しかし、その 後、想定外の出費が重なり金銭的な余裕がなくなってしまったため、 令和6年4月15日、わたしはAに対して、本件レコードの件はも う少し考えたいので、委任状は返してくれと言いました。

④ Yの抗弁の要件事実を答えなさい。

2 解答例と解説

(1) 訴訟物

売買契約に基づく代金支払請求権

　代理人が関与して締結された売買契約であっても、審判対象となる権利は売買契約に基づく代金支払請求権であり、訴訟物は直接本人が契約を締結している場合と異なりません。

(2) 請求の趣旨

1　被告は、原告に対し、100万円を支払え
2　訴訟費用は被告の負担とする
との判決ならびに仮執行の宣言を求める。

　代理人が関与して締結された売買契約であっても、売買契約の効果は直接本人に帰属するため（民99）、請求の趣旨は、直接本人が契約を締結している場合と異なりません。

(3) 請求原因事実

要件事実
①代理人との間で売買契約が締結された事実
②顕名
③①の行為に先立つ代理権の授与

記載例

1　Xは、Aに対し、令和6年5月1日、本件レコードを代金100万円で売った。
2　1の契約締結の際、AはYのためにすることを示した。
3　YはAに対し、令和6年4月1日、1に先立って、本件レコードの売買に関する代理権を与えた。

　代金支払請求権の発生を基礎づける請求原因事実は、ⅰ．財産権移転約束、ⅱ．代金支払約束ですが（民555）、代理人との間で売買契約が締結された場合には、代理人との間でⅰ、ⅱの事実があったことを主張立証しなければなりません。
　要件事実③については、代理権の授与が、代理行為に先立ってなされている必要があることに注意を要します。なぜなら、代理権の授与が代理行為に遅れる場合、この行為は代理人がした意思表示ということはできないからです。そ

のため、代理権の授与が代理行為に先立つことは、時的要素となり、これを明らかにする必要が生じます（**2－3**7参照）。

　この点、通常は代理行為と代理権の授与とを特定するための時的因子により、代理権の授与が代理行為に**先立つ**ことが明らかになるため、実務上は先立つことの摘示を省略することが可能ですが、答案上は解答例のようにこれを記載するのが無難です。

（4）抗　弁

要件事実
❶売買に先立つ代理権の
　消滅

記載例

> **代理権消滅の抗弁**
> 1　請求原因事実3の代理権授与は、令和6年4月1日付のYとAの委任契約に基づくものである。
> 2　1の委任契約は、令和6年4月15日、YがAに対し委任状の返還を申し入れ、契約を解除する意思表示をしたことにより終了した。

　代理行為に先立って、代理権が消滅したことが基礎づけられれば、代理人がなした法律行為の効果は本人に帰属しないことになります。そのため、このような代理権消滅の主張は、本人に対する代金支払請求権の発生を障害するものとして、被告が主張立証すべき抗弁と位置づけられます。

　Yの言い分には、i．委任状を渡したことと、ii．その後に委任状の返還を求めたことしか示されていませんが、これを法律的に評価して、i．委任契約に基づき代理権を授与したこと、ii．委任契約を解除したことにより代理権が消滅したこと（民651Ⅰ、111Ⅱ）、を読みとります。これをもとに、記載例のようなかたちで、代理権の消滅を主張します。

　なお、代理権消滅の抗弁の要件事実については、**代理権の消滅原因事実**に加えて、同事実についての**相手方の悪意または有過失**をも要するとする見解（必要説）と代理権の消滅原因事実だけで足りるとする見解（不要説）とがありますが、実務は不要説によるためこれを前提に解答しています。

訴訟物

　売買契約に基づく代金支払請求権

請求の趣旨

　1　被告は、原告に対し、100万円を支払え

　2　訴訟費用は被告の負担とする

との判決ならびに仮執行の宣言を求める。

請求原因事実

1　Xは、Aに対し、令和6年5月1日、本件レコードを代金100万円で売った。

2　1の契約締結の際、AはYのためにすることを示した。

3　YはAに対し、令和6年4月1日、1に先立って、本件レコードの売買に関する代理権を与えた。

代金支払請求権の発生
（代理構成）

　①代理人との間で売買契約が締結された事実

　②顕名

　③①の行為に先立つ代理権の授与

発生

障害

代理権消滅の抗弁による代金支払請求権発生の障害

　❶売買に先立つ代理権の消滅

抗弁事実

代理権消滅の抗弁

1　請求原因事実3の代理権授与は、令和6年4月1日付のYとAの委任契約に基づくものである。

2　1の委任契約は、令和6年4月15日、YがAに対し委任状の返還を申し入れ、契約を解除する意思表示をしたことにより終了した。

第 4 章　金銭請求 貸金返還請求訴訟

4-1 請求原因（主たる請求）・弁済の抗弁

1　事　例

【Xの言い分】

　令和 6 年 4 月 1 日、わたしは友人の Y に 50 万円を貸しました。Y は地元で人気のパン屋を経営していますが、近くに大型商業施設ができたことで客足が減り、従業員への給料を支払うのが苦しいとのことでした。昔からのよしみもあり、契約書は作成せず、また、返済の時期も特に定めずに現金 50 万円を渡しています。

　ところが、いつまでたっても返済のそぶりを見せないため、令和 6 年 6 月 7 日、Y 宅に赴き、同月 15 日までに返済するよう求めたのですが、Y からの返済はありませんでした。そこでわたしは、Y に対し元金 50 万円の支払を求めます。

① 訴訟物を答えなさい。

② 請求の趣旨を答えなさい（付随的申立てを含む）。

③ 請求原因事実を答えなさい（いわゆる「よって書き」は不要とする）。

【Yの言い分】

　わたしが X から 50 万円を借りたことは間違いありません。しかし、わたしは令和 6 年 6 月 7 日、X の催促を受けたため、その翌日には 50 万円全額の支払をすませています。

④ Y の抗弁の要件事実を答えなさい。

2　解答例と解説

（1）訴訟物

消費貸借契約に基づく貸金返還請求権

（2）請求の趣旨

1　被告は、原告に対し、50 万円を支払え
2　訴訟費用は被告の負担とする
との判決ならびに仮執行の宣言を求める。

（3）請求原因事実

要件事実

①XY 間の金銭の返還約
　束
②XY の金銭の授受
③債務の履行の催告
④催告後相当期間の経過
　（相当期間の末日の到
　来を摘示）

記載例

1　Xは、Yに対し、令和6年4月1日、50
万円を貸し付けた。
2　Xは、Yに対し、令和6年6月7日、
返済を催告した。
3　（相当期間の末日である）令和6年6月
15 日は到来した。

①　貸金返還請求事件における事案分析

消費貸借契約の要件事実は、従来からの要物的な消費貸借契約か（民587）、債権法改正により導入された諾成的な消費貸借契約か（民587の2）によって変化します。また、返済期の合意があるか否かによっても変化するため、4つの組合せが考えられます（次ページの表を前提に、【アイⒶⒷ】、【ア′イ′ウ′ⒶⒷ】、【アイⒶ′Ⓑ′】、【ア′イ′ウ′Ⓐ′Ⓑ′】の4通り）。

そのため、事案分析の際は、ⅰ．契約の性質（要物的な契約か、諾成的な契約か）、ⅱ．返済期の合意の有無に注意を払う必要があります。

ⅰの見極めは、民法587条の2が認める諾成的な消費貸借契約が、書面または電磁的記録によってする消費貸借契約であることを前提としているため、書面または電磁的記録の有無に着目します。

	要物的消費貸借の場合	諾成的消費貸借の場合
消費貸借契約の成立要件等	ア金銭の返還約束 イ金銭の授受	ア′金銭の返還約束 イ′ア′の合意が書面または電磁的記録によってなされたこと ウ′金銭の授受*
	返済期の合意がない場合	返済期の合意がある場合
消費貸借契約の終了要件	Ⓐ債務の履行の催告 Ⓑ催告後相当期間の経過（相当期間の末日の到来を摘示）	Ⓐ′返済期の合意 Ⓑ′返済期の到来

＊ 諾成的消費貸借の成立要件は**ア′イ′**のみですが、貸金返還請求権の発生には、**ウ′**の金銭の授受が必要です。

② 事例の分析と要件事実

　事例では、「契約書は作成せず」とあることから、要物的な契約として要件事実を摘示する必要があります。また、「返済の時期も特に定めずに」とあることから、返済期の合意がない場合として要件事実を摘示する必要があります。

　そのため、摘示すべき要件事実は①金銭の返還約束、②金銭の授受、③債務の履行の催告、④催告後相当期間の経過となります。

　請求原因事実①と②は、消費貸借契約の成立を基礎づけるために主張立証します（民587）。具体的な摘示の方法としては、解答例のように「貸し付けた」と記載すれば①②を表現したことになるため、これらを書き分ける必要はありません。

　請求原因事実③と④は、金銭消費貸借契約の終了を基礎づけるために主張立証します。消費貸借契約においては、相手方に目的物を利用させることが契約の目的となるため、目的物を受け取った直後に目的物の返還請求権を行使できるとすれば、契約の目的が達成できないという不都合が生じます。そこで、契約本来の目的が達せられるよう、一定期間、貸主はその目的物の返還を請求できないという拘束を受けます。そのため、契約の終了が返還請求権の発生を基礎づける要件事実となるのです。

　この点、当事者間で貸金の弁済期を合意していない場合には、債務の履行を催告したことと、催告後相当期間が経過したことが、契約の終了を基礎づける要件事実となります（「新問題研究」40頁）。

民法591条1項は、「当事者が返還の時期を定めなかったときは、貸主は、**相当の期間を定めて**返還の催告をすることができる。」と規定していますが、催告の際に相当の期間を定めなかった場合でも、催告から客観的にみて相当な期間が経過すれば契約の終了は基礎づけられ、貸金返還請求権は発生すると考えられています（大判昭5.1.29）。

　そのため、催告に際して相当な期間を定めた場合であっても、これを摘示する必要はありません。

　「催告後相当期間の経過」の要件を具体的に主張する際は、「相当期間の末日の到来」として摘示します（「司研・類型別要件事実」29頁参照）。期間を定めて催告した場合には「催告期間の末日の到来」を摘示すればよく、期間を定めずに催告した場合には「客観的相当期間の末日の到来」を摘示します。

（4）抗　弁

要件事実
❶債務の本旨に従った給付
❷給付と債権との結びつき

記載例

> **弁済の抗弁**
> 　YはXに対し、令和6年6月8日、本件債務の履行として、50万円を支払った。

　弁済は、原告の主張する金銭消費貸借契約に基づく貸金返還請求権の消滅を基礎づける、被告が主張立証すべき抗弁と位置づけられます。

　弁済の抗弁の詳細については、**3－3**の解説を参照してください。

貸金返還請求権と弁済の抗弁　　　　　まとめ

> **訴訟物**
>
> 　消費貸借契約に基づく貸金返還請求権
>
> **請求の趣旨**
>
> 　1　被告は、原告に対し、50 万円を支払え
>
> 　2　訴訟費用は被告の負担とする
>
> との判決ならびに仮執行の宣言を求める。

請求原因事実

1　Ｘは、Ｙに対し、令和 6 年 4 月 1 日、50 万円を貸し付けた。
2　Ｘは、Ｙに対し、令和 6 年 6 月 7 日、返済を催告した。
3　（相当期間の末日である）令和 6 年 6 月 15 日は到来した。

貸金返還請求権の**発生**

①ＸＹ間の金銭の返還約束
②ＸＹの金銭の授受
③債務の履行の催告
④催告後相当期間の経過（相当期間の末日の到来を摘示）

※要物的消費貸借契約で、返済期の合意がない場合

弁済の抗弁による貸金返還請求権の**消滅**

❶債務の本旨に従った給付
❷給付と債権との結びつき

抗弁事実

弁済の抗弁

　ＹはＸに対し、令和 6 年 6 月 8 日、本件債務の履行として、50 万円を支払った。

1 事 例

【Xの言い分】

　令和6年4月1日、わたしは友人のYに50万円を貸しました。Yは地元で人気のパン屋を経営していますが、近くに大型商業施設ができたことで客足が減り、従業員への給料を支払うのが苦しいとのことでした。契約の際、同年の6月末日には返済をする約束でしたが、約束どおりの返済は得られませんでした。そこでわたしは、Yに対し元金50万円の支払を求めます。なお、Yとは長い付き合いであることから、契約書は作成しませんでした。

① 請求原因事実を答えなさい（いわゆる「よって書き」は不要とする）。

【Yの言い分】

　わたしとXとの間で、50万円の貸し借りがあったことは確かです。しかし、これについては、わたしが自分の店に飾っていたフランスの画家が描いた農民画（以下「本件絵画」という）をXがほしいというので、令和6年6月7日、これを代金50万円で売ることにし、同日、本件絵画をXに引き渡し、代金については借りたお金と相殺したはずです。ですから、今頃になって借りたお金の話を持ち出すのはおかしな話です。

② Yの抗弁の要件事実を答えなさい。

2　解答例と解説

（1）請求原因事実

要件事実

① XY 間の金銭の返還約束
② XY の金銭の授受
③返済期の合意
④返済期の到来

記載例

> 1　Xは、Yに対し、令和6年4月1日、50万円を貸し付けた。
> 2　XとYは、1に際し、返還時期を令和6年6月30日と定めた。
> 3　令和6年6月30日は到来した。

　本問では、「契約書は作成せず」とあることから、要物的な消費貸借契約として要件事実を摘示する必要があります。また、「同年の6月末日には返済をする約束」とあることから、返済期の合意がある場合として要件事実を摘示する必要があります。

　そのため、摘示すべき要件事実は①金銭の返還約束、②金銭の授受、③返済期の合意、④返済期の到来となります。

　④の摘示にあたっては、経過ではなく**到来**を示す必要があることに注意を払います。返済期の合意があるため、返済期が到来しさえすれば、返還請求できるためです。

（2）抗　弁

要件事実

❶自働債権の発生原因事実
❷相殺の意思表示と到達
❸売買型契約の自働債権について弁済の提供があったこと

記載例

相殺の抗弁

> 1　Yは、Xに対し、令和6年6月7日、本件絵画を代金50万円で売った。
> 2　Yは、Xに対し、同日、1の売買契約に基づき本件絵画を引き渡した。
> 3　Yは、Xに対し、令和6年6月7日、1の売買代金債権をもって、請求原因1の債権とその対当額において相殺するとの意思表示をした。

　被告が相殺の主張に成功すれば、原告の貸金返還請求権はこれにより、対当

額において消滅します（民505Ⅰ本文）。そのため、相殺は、被告が主張立証すべき抗弁と位置づけられます。

要件事実❸は、せり上がりにより主張立証の必要が生じる事実で、相手方の同時履行の抗弁を障害するために主張します。すなわち、自働債権につき、相手方の同時履行の抗弁権が付着している場合、判例・通説によれば相殺が許されないため、売買契約の締結を主張することにより基礎づけられる相手方の同時履行の抗弁権を否定しなければ、同時履行の抗弁権の存在効果により相殺の抗弁は主張自体失当となってしまうのです（**1－15** 参照）。そのため、反対給付の提供をしたことを陳述することで、相手方の同時履行の抗弁権を否定しておくのです。

なお、同時履行の抗弁権を障害する事実としては、**履行の提供**で足りますが、**履行**がすでにすんでいる場合には、**絵画を引き渡した**として、履行の事実を示せば足ります（大判昭13.3.1）。

貸金返還請求権と相殺の抗弁 まとめ

請求原因事実

1　Xは、Yに対し、令和6年4月1日、50万円を貸し付けた。
2　XとYは、1に際し、返還時期を令和6年6月30日と定めた。
3　令和6年6月30日は到来した。

貸金返還請求権の発生
①XY間の金銭の返還約束
②XYの金銭の授受
③返済期の合意
④返済期の到来
　※要物的消費貸借契約で、弁済期の合意がある場合

発生

（売買代金債権との）相殺の抗弁による貸金返還請求権の消滅
- ❶自働債権の発生原因事実
- ❷相殺の意思表示と到達
- ❸売買型契約の自働債権について弁済の提供があったこと

抗弁事実

相殺の抗弁

1　Yは、Xに対し、令和6年6月7日、本件絵画を代金50万円で売った。

2　Yは、Xに対し、同日、1の売買契約に基づき本件絵画を引き渡した。

3　Yは、Xに対し、令和6年6月7日、1の売買代金債権をもって、請求原因1の債権とその対当額において相殺するとの意思表示をした。

【参考】
（貸金債権との）相殺の抗弁による貸金返還請求権の消滅
- ❶自働債権の発生原因事実
- ❷相殺の意思表示と到達

抗弁事実

相殺の抗弁

1　Yは、Xに対し、令和○年○月○日、100万円を貸し付けた。

2　YとXは、1に際し、返還時期を令和○年○月○日と定めた。

3　令和○年○月○日は到来した。

4　Yは、Xに対し、令和○年○月○日の本件口頭弁論期日において、1の貸金債権をもって、Xの本訴請求債権とその対当額において相殺するとの意思表示をした。

4－3 請求原因（主たる請求・附帯請求）

1 事例

> 【Xの言い分】
> 　令和6年4月1日、わたしは友人のYに100万円を貸しました。100万円を渡した後、念のため作成した消費貸借契約書*には、令和6年6月末日に返済すること、利息2万5000円を支払うこと、との約定があります。
> ⑴　XがYに対して、元金と利息の支払を求める場合の、①主たる請求および附帯請求の訴訟物、②請求の趣旨（附帯請求、付随的申立てを含む）、③主たる請求および附帯請求の請求原因事実を答えなさい（いわゆる「よって書き」は不要とする）。なお、記載にあたっては、主たる請求と附帯請求とを分けて、適宜要件事実ごとに整理して記載すること。
> ⑵　⑴の①②③の各問の前提が、XがYに対して、元金と利息に加え、遅延損害金の支払を求める場合について答えなさい。

＊　本問では契約書が作成されていますが、本問における契約の性質は要物的消費貸借契約にあたります。要物的な消費貸借契約を書面によってすることは当然できるのであり、書面等が作成されれば常に諾成的消費貸借となるというものではありません。

2 解答例と解説

（1）元金と利息の支払を求める場合

①　訴訟物

> 主たる請求：消費貸借契約に基づく貸金返還請求権
> 附 帯 請 求：利息契約に基づく利息請求権

　附帯請求として利息の支払を求める場合、利息請求権は元金請求権とは別個の訴訟物を構成します。

②　請求の趣旨

> 1　被告は、原告に対し、102万5000円を支払え
> 2　訴訟費用は被告の負担とする

　請求の趣旨においては、金銭の支払がどのような法的性質の給付請求権に基づくのかを記載しないため、元金 100 万円と、利息 2 万 5000 円とを合わせた102 万 5000 円の支払を単純に求めれば足ります。

③　請求原因事実

要件事実	記載例
主たる請求 ① XY 間の金銭の返還約束 ② XY の金銭の授受 ③ 返済期の合意 ④ 返済期の到来	**主たる請求** 1　X は、Y に対し、令和 6 年 4 月 1 日、100 万円を貸し付けた。 2　X と Y は、1 に際し、返還時期を令和 6 年 6 月 30 日と定めた。 3　令和 6 年 6 月 30 日は到来した。
附帯請求（利息請求権） ① 元本の発生原因事実 ② XY 間の利息支払の合意 ③ ②の後一定期間の最終日の到来	**附帯請求（利息請求権）** 1　主たる請求の 1、2、3 と同じ。 2　X と Y は、主たる請求の請求原因事実 1 に際し、3 か月分の利息を 2 万 5000 円と定めた。

　附帯請求の要件事実①については、主たる請求の要件事実①②③④と重複するので、主たる請求についての記載を引用すれば足ります。

　附帯請求の要件事実②は、消費貸借契約は無利息が原則とされていることから、特に必要となる要件事実です（民 589 I）。

　本事例では、3 か月分の利息として「利息 2 万 5000 円」と約定していることから、当該事実を摘示します。

　附帯請求の要件事実③は、利息の生じる期間は、消費貸借契約成立の日から元本の返還をすべき日（返還時期）までの元本使用期間であると解されることから必要となる要件事実です。具体的には、「（返還時期である）令和 6 年 6 月30 日は到来した」の要領で摘示することになりますが、当該事実については、

主たる請求の要件事実④と重複するので、主たる請求についての記載を引用すれば足ります。

　なお、弁済期の**到来**により、債権者は元本の返還を請求でき、債務者がその日のうちに元本を弁済しても、弁済期日1日分の利息は発生するため、利息の発生を基礎づける事実としては弁済期の到来で十分となります。したがって、弁済期の**経過**と表現してしまうと正確な理解を示せないため注意を要します。

（2）元金と利息に加え遅延損害金の支払を求める場合

① 訴訟物

> **主たる請求：消費貸借契約に基づく貸金返還請求権**
> **附 帯 請 求：利息契約に基づく利息請求権**
> **附 帯 請 求：貸金返還債務の履行遅滞に基づく損害賠償請求権**

　附帯請求の利息請求権と損害賠償請求権とは別個の訴訟物を構成します。

② 請求の趣旨

> 1　被告は、原告に対し、102万5000円およびうち100万円に対する
> 　　令和6年7月1日から支払済みまで年1割の割合による金員を支払え
> 2　訴訟費用は被告の負担とする
> との判決ならびに仮執行の宣言を求める。

　本問の訴えにかかる請求の趣旨は、①元本100万円、②3か月分の利息2万5000円、および③遅延損害金としての「100万円に対する令和6年7月1日から支払済みまで年1割の割合による金員」という3つの請求から導く必要があります。そして、③の遅延損害金については、利息の元本への組入れがない限り、元本100万円に関して生じるので、損害賠償請求にかかる部分としては、「100万円に対する……年1割の割合による」と記載する必要があることに注意を要します。

　なお、設例のように、利息につき法定利率を超える利率の合意がされている場合には、損害賠償の額は、約定利率（設例の場合、元本100万円に対して、3か月で2万5000円＝年10万円＝年1割）によって定まります（民419Ⅰただし書）。

③ 請求原因事実

要件事実	記載例
主たる請求	**主たる請求**
① XY 間の金銭の返還約束	1　Xは、Yに対し、令和6年4月1日、100万円を貸し付けた。
② XY の金銭の授受	2　XとYは、1に際し、返還時期を令和6年6月30日と定めた。
③返済期の合意	3　令和6年6月30日は到来した。
④返済期の到来	

附帯請求（利息請求権）	**附帯請求（利息請求権）**
①元本の発生原因事実	1　主たる請求の1、2、3と同じ。
② XY 間の利息支払の合意	2　XとYは、主たる請求の請求原因事実1に際し、3か月分の利息を2万5000円と定めた。
③②の後一定期間の最終日の到来	

附帯請求（損害賠償請求権）	**附帯請求（損害賠償請求権）**
①元本の発生原因事実	1　主たる請求の1、2と同じ。
②返還時期の経過	2　附帯請求（利息請求）の2と同じ。
③損害の発生とその数額	3　令和6年6月30日は経過した。

　附帯請求（損害賠償請求）の要件事実①については、主たる請求の要件事実①から③までと重複するので、主たる請求についての記載を引用すれば足ります。

　附帯請求（損害賠償請求）の要件事実②については、履行遅滞を基礎づけるために必要となる要件事実です。

　附帯請求（損害賠償請求）の要件事実③については、金銭債務の不履行の場合、当然に法定利率（民404）の割合による損害金の請求が可能ですので（民419Ⅰ本文）、法定利率の割合による遅延損害金を請求する場合には、要件事実③に該当する具体的事実を記載する必要はありません。これに対して、利息に

つき法定利率を超える利率の合意がされている場合（民419Ⅰただし書）、または損害賠償額の予定として法定利率を超える遅延損害金の利率が合意されている場合（民420Ⅰ）には、要件事実③を摘示するものとして、それぞれ「XとYが法定利率を超える利息の利率を合意したこと」または「XとYが法定利率を超える遅延損害金の利率を合意したこと」に該当する具体的事実を記載する必要があります。

　本問は、利息につき法定利率を超える利率の合意がされている場合であるため、損害賠償の額は、約定利率（設例の場合、元本100万円に対して、3か月で2万5000円＝年10万円＝年1割）によって定まります。そのため、解答では附帯請求のうち利息請求に関する主張を引用しています。

貸金返還請求と利息請求　履行遅滞に基づく損害賠償請求 まとめ

訴訟物

　主たる請求：消費貸借契約に基づく貸金返還請求権

　附 帯 請 求：利息契約に基づく利息請求権

　　　　　　　貸金返還債務の履行遅滞に基づく損害賠償請求権

請求の趣旨

　1　被告は、原告に対し、102万5000円およびうち100万円に対する令和6年7月1日から支払済みまで年1割の割合による金員を支払え

　2　訴訟費用は被告の負担とする

　との判決ならびに仮執行の宣言を求める。

請求原因事実

1　Xは、Yに対し、令和6年4月1日、100万円を貸し付けた。
2　XとYは、1に際し、返還時期を令和6年6月30日と定めた。
3　令和6年6月30日は到来した。

貸金返還請求権の発生

①XY間の金銭の返還約束
②XYの金銭の授受
③返済期の合意
④返済期の到来

※要物的消費貸借契約で、弁済期の合意がある場合

請求原因事実（附帯請求）

1　主たる請求の1、2、3と同じ。
2　XとYは、主たる請求の請求原因事実1に際し、3か月分の利息を2万5000円と定めた。

利息契約に基づく利息請求権の発生

①元本の発生原因事実
②XY間の利息支払の合意
③②の後一定期間の最終日の到来

請求原因事実（附帯請求）

1　主たる請求の1、2と同じ。
2　附帯請求（利息請求）の2と同じ。
3　令和6年6月30日は経過した。

貸金返還債務の履行遅滞に基づく損害賠償請求権の発生

①元本の発生原因事実
②返還時期の経過
③損害の発生とその数額

4－4 保証債務履行請求

1 事例

【Xの言い分】

　令和5年5月1日、わたしは幼なじみのYに100万円を、利息年1割、遅延損害金年1割5分、返済期日を令和6年4月30日との約束で貸しました。契約に際しては、Yの父親Zが立会人として居合わせたのですが、その際、Zには連帯保証人になってもらうこととなりました。そのため、Yが署名・押印した「借用書」に、Zに「Yの債務のいっさいを連帯保証します。」と書き加えてもらい、Zの署名・押印をもらっています。

　ところが、返済期をすぎてもYからの返済を受けられておらず、今後の返済も見込めないため、このたび裁判にて、YおよびZにお金の支払を求めることにしました。

① YおよびZに対する請求を併合して訴えを提起する場合の主たる請求および附帯請求の訴訟物を答えなさい。

② 請求の趣旨を答えなさい（附帯請求・付随的申立てを含む）。

③ Zに対して主張すべき請求の請求原因事実を答えなさい（いわゆる「よって書き」は不要とする）。

2 解答例と解説

(1) 訴訟物

> **XのYに対する請求の訴訟物**
> 主たる請求：消費貸借契約に基づく貸金返還請求権
> 附 帯 請 求：利息契約に基づく利息請求権
> 　　　　　　　貸金返還債務の履行遅滞に基づく損害賠償請求権
> **XのZに対する請求の訴訟物**
> 　保証契約に基づく保証債務履行請求権

　保証債務は、特約のないかぎり、その対象として主たる債務に関する利息、違約金、損害賠償、その他その債務に従たるすべてのものを含むことから（民447Ⅰ）、利息・遅延損害金の請求権も保証債務履行請求権に包含されます。こ

のことから、Ｚに対する訴訟物は、保証契約に基づく保証債務履行請求権１個となります。

　本事例では、連帯保証契約が結ばれていますが、連帯保証契約は通常の保証契約に単に特約が付されたにすぎないと考えるため、その訴訟物は通常の保証契約と同様となります。つまり、訴訟物は「保証契約に基づく保証債務履行請求権」となるのであって、「**連帯**保証契約に基づく**連帯**保証債務履行請求権」とはなりません。

（2）請求の趣旨

> 　１　被告らは、原告に対し、連帯して（または「各自」）110万円およびうち100万円に対する令和６年５月１日から支払済みまで年１割５分の割合による金員を支払え
> 　２　訴訟費用は被告の負担とする
> との判決ならびに仮執行の宣言を求める。

　主たる債務者と連帯保証人に対して請求を併合して訴えを提起する場合には、「連帯して」または「各自」の記載をします。

（3）請求原因事実

要件事実

①主たる債務の発生原因事実

②保証人・債権者間の保証契約締結の事実

③保証人の②の意思表示が書面または電磁的記録によること

記載例

> １　Ｘは、Ｙに対し、令和５年５月１日、弁済期を令和６年４月30日、利息を年１割、損害金を年１割５分として、100万円を貸し付けた。
> ２　令和６年４月30日は経過した。
> ３　ＺはＸとの間で、令和５年５月１日、１の貸金債務を保証するとの合意をした。
> ４　Ｚの３の意思表示は、保証契約書による。

　問いは、「Ｚに対して……」としており、Ｚに対する請求原因事実の記載のみ求められているため、Ｙに対する請求原因事実を答える必要はありません。

　要件事実①は、保証が主たる債務の存在を前提とするため要求される要件事

実です。主たる債務の発生原因事実を示す際には、保証債務の対象が、主たる債務に関する利息や遅延損害金にも及ぶため（民447Ⅰ）、これらについても請求する趣旨から、XY間の利息・遅延損害金についての要件事実についても摘示する必要があります。Yに対する請求（利息・遅延損害金を含む）の要件事実については、**4－32(2)** ③において解説しています。

要件事実③については、民法446条2項が「保証契約は、書面でしなければ、その効力を生じない。」と定めていることから必要となる要件事実です。同条3項により、電磁的記録による保証契約も許されます。

なお、連帯の約定がある場合でも、原則として請求原因中に、かかる事実を示す必要はありません。この事実は再抗弁として位置づけられているからです。すなわち、保証契約に連帯して保証する旨の特約がある場合、保証債務の補充性（民446Ⅰ）が障害され、保証人は催告の抗弁権（民452本文）、検索の抗弁権（民453）を失いますが（民454）、被告が連帯して保証しているにもかかわらず、催告の抗弁、検索の抗弁を提出してきた場合に、これを障害する再抗弁事実として連帯の事実を提出しうるのです。

ただし、共同訴訟により複数の保証人各自に、それぞれ主たる債務全額の保証債務の履行を請求する場合には、分別の利益を最初から否定する必要があるため、せり上がり主張として、請求原因とともに連帯保証の特約の事実を主張立証します。

訴訟物

主債務者 Y に対する請求の訴訟物

主たる請求：消費貸借契約に基づく貸金返還請求権

附 帯 請 求：利息契約に基づく利息請求権

貸金返還債務の履行遅滞に基づく損害賠償請求権

保証人 Z に対する請求の訴訟物：

保証契約に基づく保証債務履行請求権

請求の趣旨

1　被告らは、原告に対し、連帯して（または「各自」）110 万円および

うち 100 万円に対する令和 6 年 5 月 1 日から支払済みまで年 1

割 5 分の割合による金員を支払え

2　訴訟費用は被告の負担とする

との判決ならびに仮執行の宣言を求める。

請求原因事実

1　X は、Y に対し、令和 5 年 5 月 1 日、弁済期を令和 6 年 4 月 30 日、利息を年 1 割、損害金を年 1 割 5 分として、100 万円を貸し付けた。

2　令和 6 年 4 月 30 日は経過した。

3　Z は X との間で、令和 5 年 5 月 1 日、1 の貸金債務を保証するとの合意をした。

4　Z の 3 の意思表示は、保証契約書による。

保証債務履行請求権の発生

①主たる債務の発生原因事実（※）

②保証人・債権者間の保証契約締結の事実

③保証人の②の意思表示が書面または電磁的記録によること

※保証債務の対象は、主たる債務に関する利息や遅延損害金にも及ぶことから、事例によっては利息や遅延損害金に関する要件事実の摘示も必要となる。主債務に関する要件事実は**4－3**参照。

発生

第 4 章　金銭請求　貸金返還請求訴訟

4-5 相続事例における貸金返還請求訴訟

1 事 例

【Xの言い分】

　令和5年5月1日、わたしは知人Zに100万円を、利息年1割として貸しました。特に返済の時期は定めていなかったのですが、わたしの中では1年程度で返してもらえればよいと思っていたので、令和6年4月15日、同月末日までに利息を含め返済するようZに催促しました。ところが、令和6年5月1日、Zが急死し、唯一の相続人である息子Yが債務を引き継ぎましたが、わたしの貸した金銭のことは何も聞かされていない、父が借金などするはずがない、といって返済を拒んでいます。Zの訃報があまりに突然のことだったこともあり、返済が遅れてしまっていることは仕方がないと思っていますから、損害金については請求するつもりはありませんが、元金と令和6年4月30日までの利息についてはYにきちんと返済してほしいと思っています。

① 主たる請求および附帯請求の訴訟物を答えなさい。

② 請求の趣旨を答えなさい（附帯請求、付随的申立てを含む）。

③ 請求原因事実を答えなさい（いわゆる「よって書き」は不要とする）。なお、主たる請求と附帯請求とを書き分けることを要しないものとする。

2 解答例と解説

(1) 訴訟物

主たる請求：消費貸借契約に基づく貸金返還請求権
附 帯 請 求：利息契約に基づく利息請求権

(2) 請求の趣旨

1　被告は、原告に対し、110万円を支払え
2　訴訟費用は被告の負担とする

との判決ならびに仮執行の宣言を求める。

（3）請求原因事実

要件事実

①被相続人Zに義務が帰属していたこと
　ア　XZ間の金銭の返還合意
　イ　XZの金銭の授受
　ウ　債務の履行の催告
　エ　催告後相当期間の経過
　　　（相当期間の末日の到来を摘示）
　オ　XZ間の利息支払の合意
　カ　オの後一定期間の最終日の到来
②相続が開始したこと
③YがZの相続人であること

記載例

1　Xは、Zに対し、令和5年5月1日、利息を年1割として、100万円を貸し付けた。
2　Xは、Zに対し、令和6年4月15日、返済を催告した。
3　（相当期間の末日である）令和6年4月30日は到来した。
4　Zは、令和6年5月1日、死亡した。
5　YはZの子である。

　債務者が死亡しても、相続人が被相続人の財産に属したいっさいの権利義務を承継するため（民896本文）、債権者は相続人に対して債務の履行を請求することができます。この場合、債権者は被相続人の債務を主張立証するのと同時に、相続の開始があったこと（＝死亡の事実）、被告が債務者の相続人であることを主張立証することになります。

　要件事実③については、相続人の全部を主張し、相続人が被告のみであることまでの主張立証を要するとする見解（いわゆる「のみ説」）と、当事者が相続人であることだけを主張立証すれば足りるとする見解（いわゆる「非のみ説」）とがありますが、実務・通説は非のみ説の立場をとるため、この立場に従い、要件事実の主張としては単純に相続人であることの主張をすれば足ります。

　なお、非のみ説に立つ場合、ほかに相続人がいることは、被告の債務の承継割合が一部に制限されるため、被告の抗弁として位置づけられます。

> **訴訟物**
>
> 　主たる請求：消費貸借契約に基づく貸金返還請求権
>
> 　附 帯 請 求：利息契約に基づく利息請求権
>
> **請求の趣旨**
>
> 　1　被告は、原告に対し、110万円を支払え
>
> 　2　訴訟費用は被告の負担とする
>
> との判決ならびに仮執行の宣言を求める。

請求原因事実

1　Xは、Zに対し、令和5年5月1日、利息を年1割として、100万円を貸し付けた。

2　Xは、Zに対し、令和6年4月15日、返済を催告した。

3　（相当期間の末日である）令和6年4月30日は到来した。

4　Zは、令和6年5月1日、死亡した。

5　YはZの子である。

(1)貸金返還請求権および

(2)利息請求権の発生

　①被相続人 Z に義務が帰属していたこと

　　ア　XZ間の金銭の返還合意

　　イ　XZの金銭の授受

　　ウ　債務の履行の催告

　　エ　催告後相当期間の経過（相当期間の末日の到来を摘示）

　　オ　XZ間の利息支払の合意

　　カ　オの後一定期間の最終日の到来

　②相続が開始したこと

　③YがZの相続人であること

　　※要物的消費貸借契約で、弁済期の合意がない場合

第5章　明渡請求
賃貸借契約の終了に基づく不動産明渡請求

5−1 賃料不払による催告解除・信頼関係不破壊の抗弁

1 事　例

【Xの言い分】

　令和5年5月1日、わたしはYとの間で、自己が所有するアパートの1階部分（以下「本件建物」という）を、賃料1か月10万円、毎月末日当月分払い、賃貸期間を令和5年5月1日から5年間とする賃貸借契約（以下「本件賃貸借契約」という）を締結し、同日、本件建物をYに引き渡しました。

　その後、Yが賃料の支払を怠ることはありませんでしたが、令和5年12月分から、毎月振り込まれていた賃料が突然振り込まれなくなりました。わたしは再三にわたり支払を催告したのですが、支払がないため、仕方なく契約を解除することにしました。

　わたしは、令和6年3月14日、Yに対し内容証明郵便を送り、12月分から2月分の賃料30万円を3月31日までに支払うよう求めるとともに、同日までに支払がないときは、本件賃貸借契約を解除する旨の通知をしています。当該内容証明郵便は、3月15日、Yのところに届いたようです。

　ところが、同月31日をすぎてもYからの賃料の支払はありません。わたしとしては、一刻も早く本件建物から出て行ってほしく、また、未払賃料も含め、本件建物の明渡しまでの全額を支払ってほしいと考えています。

①　主たる請求および附帯請求の訴訟物を答えなさい。

②　請求の趣旨を答えなさい（附帯請求、付随的申立てを含む）。

③　主たる請求および附帯請求の請求原因事実を答えなさい（いわゆる「よって書き」は不要とする）。記載にあたっては、主たる請求と附帯請求を分けて、適宜要件事実ごとに整理して記載

すること。

2　解答例と解説

(1) 訴訟物

> 主たる請求：賃貸借契約の終了に基づく目的物返還請求権としての建
> 　　　　　　物明渡請求権
> 附 帯 請 求：賃貸借契約に基づく賃料支払請求権
> 　　　　　　建物明渡債務の履行遅滞に基づく損害賠償請求権

　まず、主たる請求の訴訟物についてですが、賃貸借契約の終了に基づく不動
産明渡請求訴訟においては、1個の賃貸借契約に基づく明渡請求であるかぎり、
その終了原因のいかんを問わず、訴訟物は**賃貸借契約の終了に基づく目的物返
還請求権としての不動産明渡請求権**の1個となります（一元説、実務・通説）。
そのため、訴訟物を表現する際には、債務不履行解除、合意解約、期間満了と
いった、賃貸借契約の終了原因となる事実を示す必要はありません。

　次に、附帯請求の訴訟物についてですが、Xは、「未払賃料も含めて、本件
建物明渡しまでの全額を支払ってほしい」と主張していますが、訴訟物という
観点からは、当該主張のなかに2つの意味が含まれていることを読み取る必要
があります。

　すなわち、当該主張は、ⅰ．令和5年12月1日から令和6年3月31日まで

84

の賃貸借契約が存在していた期間の賃貸借契約に基づく賃料支払請求と、ⅱ.
賃貸借契約終了後、令和6年4月1日から本件建物が明け渡されるまでの履行
遅滞に基づく損害賠償請求という2つの意味が含まれているのです。

　ⅰの賃料支払請求、およびⅱの損害賠償請求は、賃貸借契約の終了に基づく
建物明渡請求とともに請求する場合には、主たる請求ではなく附帯請求として
位置づけられます（民訴9Ⅱ）。

　ⅱについては、当該訴訟物を、不当利得に基づく利得返還請求権や、不法行
為に基づく損害賠償請求権として構成することも可能ですが、本事例のように、
賃貸借契約の終了に基づく建物明渡請求権を主たる請求の訴訟物とする場合に
は、履行遅滞に基づく損害賠償請求権を附帯請求の訴訟物とするのが自然であ
るため、ここでは**履行遅滞に基づく損害賠償請求権**を附帯請求の訴訟物とする
ことを前提に解説します。

（2）請求の趣旨

> 　1　被告は、原告に対し、本件建物を明け渡せ
> 　2　被告は、原告に対し、令和5年12月1日から本件建物の明渡し
> 　済みまで月額10万円の割合による金員を支払え
> 　3　訴訟費用は被告の負担とする
> との判決ならびに仮執行の宣言を求める。

①　主たる請求について

　主たる請求の請求の趣旨では、本件建物の**引渡し**ではなく、**明渡し**を求める
必要があることに注意が必要です。

　引渡しとは、目的不動産に対する債務者の占有を排除し、債権者に直接支配
を移転することをいい、明渡しとは、引渡しの一態様ではありますが、目的不
動産等に債務者らが居住し、または物品をおいて占有している場合に、中の物
品を取り除き、居住者を立ち退かせて、債権者に完全な直接的支配を移すこと
をいうとされています（「30講」339頁）。

　そのため、本事例の主たる請求の請求の趣旨も、引渡しではなく、明渡しと
いう表現をし、これを区別します。

②　附帯請求について

　次に、附帯請求の請求の趣旨についてですが、ⅰ.賃貸借契約に基づく賃料

請求と、ⅱ. 履行遅滞に基づく損害賠償請求とを合わせて、**被告は、原告に対し、令和5年12月1日から本件建物の明渡し済みまで月額10万円の割合による金員を支払え**と表現すれば足ります。

　請求の趣旨では、給付の法的な性格や理由を記載することができない以上、ⅰに基づく月額10万円の支払と、ⅱに基づく月額10万円の支払とを、分けて記載する必要性が乏しいからです。

　なお、損害賠償請求における損害の数額は、損害額についての約定がある場合は格別、そうでなければ賃貸借契約終了後の賃料相当額となります。

（3）請求原因事実

要件事実

主たる請求

①賃貸借契約の締結

②①の賃貸借契約に基づく建物の引渡し

③①の賃貸借契約の終了原因事実（賃料不払による催告解除の場合）

　ア　賃料支払債務を発生させる一定期間の経過

　イ　賃料支払時期の経過

　ウ　イ後の賃料支払催告

　エ　ウの催告後相当期間の経過

　オ　エの催告の際、催告期間が経過した時に契約を解除するとの意思表示をしたこと*

＊　解除の意思表示を履行の催告と同時にする場合

記載例

主たる請求

1　Xは、Yとの間で、令和5年5月1日、本件建物を、賃料月額10万円で賃貸するとの合意をした。

2　Xは、Yに対し、令和5年5月1日、本件賃貸借契約に基づき、本件建物を引き渡した。

3　令和5年12月から令和6年2月までの各月末日は経過した。

4　Xは、Yに対して、令和6年3月15日、令和5年12月分から令和6年2月分までの賃料合計30万円の支払を催告した。

5　Xは、Yに対し、4の際、令和6年3月31日が経過したときは、1の契約を解除するとの意思表示をした。

6　令和6年3月31日は経過した。

附帯請求（賃料支払請求権）	附帯請求（賃料支払請求権）
①賃貸借契約締結 ②①の賃貸借契約に基づく目的物の引渡し ③請求すべき賃料に対応する一定期間の経過 ④賃料支払期限の到来	1　主たる請求の1、2と同じ。 2　令和5年12月から令和6年3月までの各月末日は到来した。

附帯請求（損害賠償請求権）	附帯請求（損害賠償請求権）
①賃貸借契約締結 ②①の賃貸借契約に基づく目的物の引渡し ③①の賃貸借契約の終了原因事実 ④損害の発生とその数額	1　主たる請求の1、2、3、4、5、6と同じ。 2　令和6年4月1日以降の本件建物の賃料相当額は、1か月10万円である。

① 主たる請求について

　本事例では、賃貸借契約の終了が問題となっていますが、まず、前提となる賃貸借契約の成立要件から確認します（要件事実①）。

　この点について、賃貸借契約に関する冒頭規定である民法601条から、ⅰ. 当事者の一方がある物の使用および収益を相手方にさせることを約したこと、ならびにⅱ. 相手方がその対価として賃料を支払うことおよび引渡しを受けた物を契約が終了したときに返還することを約したことの2つが導かれます。

　そのため、前提となる賃貸借契約の成立を基礎づける要件として、上記ⅰおよびⅱを示す必要があります。記載例1にある「Xは、Yとの間で、令和5年5月1日、本件建物を、賃料月額10万円で賃貸するとの合意をした。」との記載がこれに該当します。

　なお、民法601条には規定されていない賃貸期間の定めは賃貸借契約の成立要件ではないと解されるので、賃貸借契約の締結を示す事実として、賃貸期間（「令和5年5月1日から5年間」）を摘示する必要はありません。また、賃貸人が目的物を所有すること、賃料の支払時期の合意（「毎月末日当月分払い」）、

敷金契約の合意等についても、賃貸借契約の成立要件ではない以上、賃貸借契約の成立要件としてはその記載を要しません。

　次に、要件事実②についてですが、この要件は、契約の終了に基づいて目的物の返還を請求するためには、その前提として、契約に基づき目的物がすでに引き渡されていることを要するために要求されるものです。言い方を換えれば、契約に基づき目的物を引き渡していなければ、契約の終了に基づく目的物の返還請求権が発生する余地はないことから、要件事実②が必要となります。

　ここで注意しなければならないのは、**当該契約に基づく引渡しである点**に意味があるということです。すなわち、かりにまったく別の理由で目的物が相手方に引き渡された場合、賃貸借契約の終了に基づく目的物の返還請求権の発生は基礎づけられません。そのため、記載例中の2のように、「本件賃貸借契約に基づき」という表現や「1の賃貸借契約に基づき」という表現をしなければなりません。

　要件事実③は、目的物の返還請求が認められるためには、賃貸借契約が終了していることを要するために要求されるものです。当事者間での賃貸借契約が継続している間は、賃貸人は目的物を賃借人に使用収益させる義務を負っているため、目的物返還請求権の発生には契約の終了を要するのです。

　契約の終了原因は1つではなく、さまざまな態様が想定されるため、契約の終了を基礎づける要件事実もその態様により変化します。

　本事例においては、賃料不払による催告解除が問題となっているため、このようなケースにおける要件事実を検討していきます。

　結論的には、以下の事実が、賃料不払による催告解除を原因とする賃貸借契約の終了を基礎づけます。

ア　賃料支払債務を発生させる一定期間の経過
イ　賃料支払時期の経過
ウ　イ後の賃料支払催告
エ　ウの催告後相当期間の経過
オ　エの催告の際、催告期間が経過した時に契約を解除するとの意思
　　表示をしたこと
　　　　or

> オ　エの後の解除の意思表示

　まず、賃料債務の発生が賃料不払の前提となることから、賃料債務の発生を基礎づける要件事実の主張を要します。この点について、賃料は、目的物を一定期間使用・収益しうる状態においたことに対する対価であるため、一定期間の経過が賃料債務の発生要件となります（上記ア）。

　そして、賃料不払による催告解除は、賃料債務の履行遅滞を問題とするものであるため、履行遅滞を基礎づける支払時期の経過を要します（上記イ）。本事例では、「毎月末日当月分払い」の約定がありますが、民法614条所定の支払時期と同じであることから、特に約定がある旨を考慮せず、単純に記載例のように「令和5年12月から令和6年2月までの各月末日は経過した。」と摘示すれば足ります。

　なお、債務の発生を基礎づける一定期間の経過（上記ア）と、履行遅滞を基礎づける支払時期の経過（上記イ）とは、法律上の意味は異なるものの、事実主張としては重なるため、支払時期の経過の事実さえ主張すれば、両事実を主張したことになります。そのため、アは意識して覚えておく必要はありません。

　上記ウの要件は、民法541条が「相手方が相当の期間を定めてその履行の催告をし、その期間内に履行がない」ことを履行遅滞による法定解除の要件としているため必要となります。なお、判例により、相当の期間を設けずに催告しても、催告のときから相当期間を経過すればよく（最判昭29.12.21）、また、たとえ不相当な期間を催告の際に告げたとしても、客観的に相当と認められる期間を経過しさえすれば、解除権の発生が基礎づけられます（最判昭31.12.6）。

　上記エの要件につき、相当期間の判断は事案によって一様ではありませんが、通常は1週間から10日ぐらいが選択されています。

　上記オの解除の意思表示は、民法540条が「解除は、相手方に対する意思表示によってする」と規定しているために必要となる要件です。

　催告の際、停止期限付解除の意思表示をしているケースにおいては、催告期間経過後に改めて解除の意思表示をすることを要しません。

② 　附帯請求（賃料支払請求権）について

　要件事実④につき、賃料債権は、賃料の支払期が**到来**すれば行使しうるため、賃料債権の発生を基礎づける事実としては支払期の**到来**で十分となります。

支払時期については、これを特に定めなければ民法 614 条により毎月末日が当月分の支払時期となります。このような場合には、毎月末日の到来を主張します。

　これに対して、毎月末日に翌月分を支払う前払特約がある場合には、毎月末日が翌月分の支払時期となります。このような場合には、前払特約の存在を摘示したうえで、前月末日の到来を主張します。

　本事例では、「毎月末日当月分払い」の約定がありますが、民法 614 条所定の支払時期と同じです。よって、特に約定がある旨を考慮せず、単純に「令和 5 年 12 月から令和 6 年 3 月までの末日は到来した。」と摘示すれば足ります。

③　附帯請求（損害賠償請求権）について

　Y には、賃貸借契約終了に基づく目的物返還義務としての建物明渡義務があるのに、これを履行しない債務不履行（履行遅滞）があるため、履行遅滞に基づく損害賠償請求を求めることが可能です。賃貸借契約終了に基づく目的物返還義務に債務不履行があることを問題とするため、要件事実①から③が必要となります。

　要件事実④につき、損害の数額は、損害額についての約定がある場合は格別、そうでなければ賃貸借契約終了後の賃料相当額となります。

　損害の発生については、明渡請求の対象となる目的物がいかなる用途にも用いることができない無価値物である場合以外は、特に主張立証を要しません。

（4）抗　弁

要件事実
❶背信性の不存在の評価根拠事実

記載例

信頼関係不破壊の抗弁

背信性の不存在の評価根拠事実

　Y が賃料不払にいたったのは、勤務先会社の倒産という Y の責めに帰すことができないやむをえない事情によるものであり、また、現在の Y は、すでに再就職をして賃料の支払能力も支払意思もあると認められるから、Y の債務不履行には背信行為と認めるに足りない特段の事情がある。

賃貸借契約は継続的な契約であるため、売買などと異なり、長期にわたる契約関係により形成された信頼関係が破壊されなければ解除権は発生しない（解除権の発生効果が障害される）と考えられています。いわゆる**信頼関係破壊の理論**です。

　そのため、賃料債務の履行遅滞に基づく催告解除（民541）に対して、被告である賃借人は、賃料債務の履行遅滞によっても、原告に対する信頼関係が破壊されていないことを基礎づける具体的事実（＝背信性の不存在の評価根拠事実）を抗弁として主張することができます（信頼関係不破壊の抗弁）。

　背信性の不存在の評価根拠事実としては、ⅰ．不払賃料額・不払期間、ⅱ．不払の態様、ⅲ．契約および不払にいたった事情、ⅳ．賃借権の存否・範囲等についての争いの有無、ⅴ．賃借人の支払能力・支払意思、ⅵ．賃借人の過去における支払状況、ⅶ．催告の有無および適否、ⅷ．催告到達後または解除の意思表示後の賃借人の対応・態度等にかかる事実を、事案に即してできるだけ具体的に記載します。

　なお、評価根拠事実を摘示する場合には、当該事実がどのような規範的評価を根拠づける事実かを明確にするため、「表題」を付します。解答例の冒頭にある「背信性の不存在の評価根拠事実」の記載が表題です。

訴訟物

　主たる請求：賃貸借契約の終了に基づく目的物返還請求権としての
　　　　　　　建物明渡請求権
　附帯請求：賃貸借契約に基づく賃料支払請求権
　　　　　　　建物明渡債務の履行遅滞に基づく損害賠償請求権

請求の趣旨

　1　被告は、原告に対し、本件建物を明け渡せ
　2　被告は、原告に対し、令和5年12月1日から本件建物の明渡
　　し済みまで月額10万円の割合による金員を支払え
　3　訴訟費用は被告の負担とする
　との判決ならびに仮執行の宣言を求める。

主たる請求の請求原因事実

1　Xは、Yとの間で、令和5年5月1日、本件建物を、賃料月額10万円で賃貸するとの合意をした。
2　Xは、Yに対し、令和5年5月1日、本件賃貸借契約に基づき、本件建物を引き渡した。
3　令和5年12月から令和6年2月までの各月末日は経過した。
4　Xは、Yに対して、令和6年3月15日、令和5年12月分から令和6年2月分までの賃料合計30万円の支払を催告した。
5　Xは、Yに対し、4の際、令和6年3月31日が経過したときは、1の契約を解除するとの意思表示をした。

賃貸借契約の終了に基づく目的物返還請求権としての建物明渡請求権の発生

　①賃貸借契約の締結
　②①の賃貸借契約に基づく建物の引渡し
　③①の賃貸借契約の終了原因事実
　　ア　賃料支払債務を発生させる一定期間の経過
　　イ　賃料支払時期の経過
　　ウ　イ後の賃料支払催告
　　エ　ウの催告後相当期間の経過
　　オ　エの催告の際、催告期間が経過した時に契約を解除

6　令和6年3月31日は経過した。

するとの意思表示をしたこと

or

オ　エの後の解除の意思表示

附帯請求（賃料支払請求権）の請求原因事実

1　主たる請求の1、2と同じ。
2　令和5年12月から令和6年3月までの各月末日は到来した。

賃料支払請求権の発生
①賃貸借契約締結
②①の賃貸借契約に基づく目的物の引渡し
③請求すべき賃料に対応する一定期間の経過
④賃料支払期限の到来

発生

附帯請求（損害賠償請求権）の請求原因事実

1　主たる請求の1、2、3、4、5、6と同じ。
2　令和6年4月1日以降の本件建物の賃料相当額は、1か月10万円である。

損害賠償請求権の発生
①賃貸借契約締結
②①の賃貸借契約に基づく目的物の引渡し
③①の賃貸借契約の終了原因事実
④損害の発生とその数額

発生

障害

信頼関係不破壊の抗弁による主たる請求・附帯請求の発生効果の障害
❶背信性の不存在の評価根拠事実

抗弁事実
信頼関係不破壊の抗弁
背信性の不存在の評価根拠事実
　Yが賃料不払にいたったのは、勤務先会社の倒産というYの責めに帰すことができないやむをえない事情によるものであり、また、現在のYは、すでに再就職をして賃料の支払能力も支払意思もあると認められるから、Yの債務不履行には背信行為と認めるに足りない特段の事情がある。

1　事　例

【Xの言い分】

　わたしは、賃貸物件を1棟所有しています。手入れのよい公園の脇に建っている、2階建ての小さな物件です。1階部分はテナントとして貸し出すことを想定し、広い間取りとなっています（以下、1階部分を「本件建物」という）。令和4年4月20日、Yから子供向けのアトリエ教室を開くために本件建物を貸してほしいとの申入れがありました。そこで、令和4年5月1日、わたしはYとの間で、賃料1か月10万円、毎月末日翌月分払い、賃貸期間を令和4年5月1日から10年間とする賃貸借契約を締結し、本件建物をYに引き渡しました。なお、本賃貸借契約には、Yが2か月分以上賃料の支払を怠ったときは、何ら催告することなく、ただちに本契約を解除できる旨の特約が付されています。

　その後、教室には順調に生徒が入室した様子で、Yが賃料の支払を怠ることはありませんでした。しかし、令和6年1月分から、毎月振り込まれていた賃料が突然振り込まれなくなったのです。再三にわたり催告したにもかかわらず、支払がないため、わたしは仕方なく契約を解除することにし、令和6年6月1日、Yに電話しその旨を告げました。ところが、Yは本件建物の明渡しに応じようとしません。わたしとしては、一刻も早く本件建物から出て行ってほしいですし、未払賃料も含め、本件建物の明渡しまでの全額を支払ってほしいと考えています。

①　主たる請求の請求原因事実を答えなさい（いわゆる「よって書き」は不要とする）。

【Yの言い分】

　たしかに、Xの言うとおり令和6年1月分から賃料を支払っていません。しかし、それには理由があります。

　令和5年12月、クリスマス前に銀座で開いた個展に、Xが見に来てくれました。その際、Xが大変気に入ってくれた絵が、たまたま最終日まで売れずに残ったので、日頃の感謝の気持ちも兼ねて、Xにプレゼントしました。同月24日のことです。Xはこれを大変喜び、いくら包めばよいかと尋ねてきました。わたしが「日頃、大変お世話になっているので、お代はいりませんよ。」と言うと、Xは、「そういうことならありがたく頂戴します。その代わりと言ってはなんですが、令和6年1月から同年6月分までの賃料は免除しましょう。」と言ってくれたのです。

　こうした経緯から、それまで一度だって賃料の支払を遅れたことのないわたしが支払を停止しているのですが、支払えというならば1月分からの賃料はお支払いしますし、いつでも支払えるように準備はしてあります。

　そもそも、Xから再三の催告などなく、6月に入って急に解除の話があったのです。どういう行き違いでこんな事態になったのか困惑しているのですが、とにかく、教室を閉めるわけにもいきませんので、本件建物を明け渡すつもりはありません。

② 　Yの抗弁の要件事実を答えなさい。なお、抗弁が複数ある場合には、抗弁ごとに分けて記載すること。

2　解答例と解説

(1) 請求原因事実

要件事実

① 賃貸借契約の締結

② ①の賃貸借契約に基づく建物の引渡し

③ ①の賃貸借契約の終了原因事実（賃料不払による無催告解除

記載例

1　Xは、Yとの間で、令和4年5月1日、本件建物を、賃料月額10万円で賃貸するとの合意をした（以下「本件賃貸借契約」という）。

2　Xは、Yに対し、令和4年5月1日、本件賃貸借契約に基づき、本件建物を引き渡

の場合）

ア　賃料支払債務を発生させる一定期間の経過

イ　賃料支払時期の経過

ウ　無催告解除特約締結の事実

エ　背信性を基礎づける評価根拠事実

オ　契約解除の意思表示

した。

3　Xは、Yとの間で、1の契約の際、毎月末日に翌月分の賃料を支払うものと定めた。

4　令和5年12月から令和6年5月までの各月末日は経過した。

5　Xは、Yとの間で、1の契約の際、Yが2か月分以上賃料の支払を怠ったときは、Xは、何ら催告を要することなく、ただちに本件賃貸借契約を解除することができるとの特約を締結した。

6　Yの背信性の評価根拠事実

⑴　Yは、6か月間という長期にわたり賃料を支払っていない。

⑵　Yは、令和6年1月分の賃料から、Xに何ら事情を説明することなく突然賃料の支払を停止している。

⑶　Yは、Xから再三にわたり催告されていたにもかかわらずこれに応じていない。

7　Xは、Yに対し、令和6年6月1日、本件賃貸借契約を解除するとの意思表示をした。

　本事例においては、賃料不払による無催告解除が問題となっているため、このようなケースにおける要件事実を検討していきます。

　結論的には、以下の事実が、賃料不払による無催告解除を原因とする賃貸借契約の終了を基礎づけます。

ア　賃料支払債務を発生させる一定期間の経過

イ　賃料支払時期の経過

ウ　無催告解除特約締結の事実

エ　背信性を基礎づける評価根拠事実

オ　契約解除の意思表示

　まず、賃料債務の発生が賃料不払の前提となることから、賃料債務の発生を基礎づける要件事実の主張を要します（上記ア）。

　そして、賃料不払による無催告解除は、賃料債務の履行遅滞を問題とするものであるため、履行遅滞を基礎づける支払時期の経過を要します（上記イ）。本事例では、「Xは、Yとの間で、1の契約の際、毎月末日に翌月分の賃料を支払うものと定めた。」「令和5年12月から令和6年5月までの各月末日は経過した。」旨の摘示が必要となります。

　上記ウの無催告解除特約締結の事実は、無催告解除が許容される根拠として必要となります。

　しかし、判例は無催告解除の特約が締結されている場合でも、賃貸人の側で、「賃借人の賃貸人に対する信頼関係を破壊する背信性」を主張立証しなければ無催告解除の効果は認められないとしています（最判昭43.11.21〔借家で5か月の不払で解除を認めた事案〕）。つまり、契約を解除するにあたり催告をしなくても不合理とは認められない事情（賃借人の背信性）がなければ、無催告解除の効果は認められないとするのです。そのため、無催告解除が許容される根拠としては、上記ウだけでは足りず、賃借人の**背信性**が必要です。この点、背信性は規範的要件であるため、単純に「被告に背信性がある」と主張するだけでは足りず、背信性があると評価しうる具体的事実を主張立証しなければなりません（上記エ）。たとえば、「賃借人は解除原因となる履行遅滞以前にも、相当の回数にわたって賃料を支払っていなかった」という事実があげられます。

　本事例では、①賃料不払が6か月間という長期にわたること、②Yは何らの事情を説明することもなく賃料の支払を停止していること、③Xから再三の催告を受けていたにもかかわらず、これに応じていないこと、を示すことで背信性を基礎づけています。

（2）抗弁その1

要件事実

❶XはYに対し、請求原因である賃料債務を免除する意思表示をしたこと

記載例

抗弁1　免除の抗弁

　Xは、Yに対し、令和5年12月24日、令和6年1月分から令和6年6月分までの、60万円分の賃料債務を免除するとの意思

表示をした。

　免除は、債権の消滅事由のひとつで、債権者の債務者に対する一方的意思表示によってなされます（民519）。

　そのため、本事例において、Ｙの賃料債務が、解除に先立ち、Ｘにより免除されたことが認められれば、賃料不払の事実は否定されます。さらには、債務不履行の存在を前提とする契約解除の効力も障害されます。

　そのため、賃料債務の免除は、被告が主張立証すべき抗弁と位置づけられます。

（3）抗弁その２（背信性不存在の抗弁）

要件事実
❶背信性の評価障害事実

記載例

抗弁2　背信性不存在の抗弁
背信性の不存在の評価根拠事実
①　Ｙは、Ｘに対し、令和4年5月1日から令和5年12月分にいたるまで、賃料の支払を怠ったことはない。
②　Ｙには、賃料をいつでも支払う意思があり、また支払う能力もある。

　請求原因のうち、規範的要件であるＹの背信性を基礎づける評価根拠事実の主張に対しては、背信性の評価障害事実の主張が抗弁となります。背信性の評価が障害されれば、これに基づく解除の効力も障害されるからです。

　背信性の評価障害事実としては、上記記載例のように背信性の不存在を基礎づける具体的事実を摘示することを要します。

請求原因事実

1　Xは、Yとの間で、令和4年5月1日、本件建物を、賃料月額10万円で賃貸するとの合意をした（以下「本件賃貸借契約」という）。

2　Xは、Yに対し、令和4年5月1日、本件賃貸借契約に基づき、本件建物を引き渡した。

3　Xは、Yとの間で、1の契約の際、毎月末日に翌月分の賃料を支払うものと定めた。

4　令和5年12月から令和6年5月までの各月末日は経過した。

5　Xは、Yとの間で、1の契約の際、Yが2か月分以上賃料の支払を怠ったときは、Xは、何ら催告を要することなく、ただちに本件賃貸借契約を解除することができるとの特約を締結した。

6　Yの背信性の評価根拠事実

　⑴　Yは、6か月という長期にわたり賃料を支払っていない。

　⑵　Yは、令和6年1月分の賃料から、Xに何ら事情を説明することなく突然賃料の支払を停止している。

　⑶　Yは、Xから再三にわたり催告されていたにもかかわらずこれに応じていない。

7　Xは、Yに対し、令和6年6月1日、本件賃貸借契約を解除するとの意思表示をした。

賃貸借契約の終了に基づく目的物返還請求権としての建物明渡請求権の発生

①賃貸借契約の締結

②①の賃貸借契約に基づく建物の引渡し

③①の賃貸借契約の終了原因事実

　ア　賃料支払債務を発生させる一定期間の経過

　イ　賃料支払時期の経過

　ウ　無催告解除特約締結の事実

　エ　背信性を基礎づける評価根拠事実

　オ　契約解除の意思表示

債務免除の抗弁による建物明渡請求権の発生効果の障害

❶XはYに対し、請求原因である賃料債務を免除する意思表示をしたこと

抗弁事実

免除の抗弁

　Xは、Yに対し、令和5年12月24日、令和6年1月分から令和6年6月分までの、60万円分の賃料債務を免除するとの意思表示をした。

背信性不存在の抗弁による建物明渡請求権の発生効果の障害

❶背信性の評価障害事実

抗弁事実

背信性不存在の抗弁

背信性の不存在の評価根拠事実

1　Yは、Xに対し、令和4年5月1日から令和5年12月分にいたるまで、賃料の支払を怠ったことはない。

2　Yには、賃料をいつでも支払う意思があり、また支払う能力もある。

5－3 無断転貸解除・承諾の抗弁等

1 事 例

【Xの言い分】

　令和5年5月1日、わたしはYとの間で、父から相続した2階建ての戸建て建物（以下「本件建物」という）を、賃料1か月10万円、毎月末日翌月分払い、賃貸期間を令和5年5月1日から5年間とする賃貸借契約を締結し、同日、本件建物をYに引き渡しました。

　はじめのうちは、利用状況において特段の問題は生じず、Yが賃料の支払を怠るようなこともありませんでした。ところが、令和6年2月ころから、知らない男性が頻繁に出入りするのを見かけるようになりました。不審に思ったわたしは、同年4月のはじめ、その男性に声をかけ、話を聞いてみたところ、Yの旧友Zであり、2月10日から、1か月3万円の約定で本件建物の2階部分をYから貸してもらい、寝泊りしているというのです。そんな話、Yからは何も聞いていませんでしたし、承服しがたいことであったため、4月中にZには出て行ってもらうようYに告げました。しかし、改善がみられなかったので、令和6年5月15日到達の内容証明郵便で、Yに本件建物の賃貸借契約を解除する旨伝えました。残念なことですが、わたしとしては、一刻も早く本件建物から出て行ってほしいと考えています。

① 　主たる請求の請求原因事実を答えなさい（いわゆる「よって書き」は不要とする）。

【Yの言い分】

　Xの言うとおり、わたしは令和6年2月10日から、旧友のZに本件建物の2階部分を1か月3万円で貸しました。しかし、わたしは同年2月1日、Xに対し、借りていたアパートが住人の不注意で火事になり、急に住居を移さなければならなくなり困っている旧友

がいるから、次の賃貸アパートが見つかるまで、旧友に本件建物の2階部分を提供してはだめかと電話で相談したところ、Xは「そういうことならいいですよ。」と承諾してくれたはずです。なお、Zへの賃貸は、5月10日に終了しています。

② Yの抗弁の要件事実を答えなさい。なお、抗弁が複数ある場合には、抗弁ごとに分けて記載すること。

2 解答例と解説

(1) 請求原因事実

要件事実	記載例
①賃貸借契約の締結 ②①の賃貸借契約に基づく建物の引渡し ③①の賃貸借契約の終了原因事実（無断転貸解除の場合） 　ア　Yが第三者と転貸借契約を締結した事実 　イ　第三者が、アの契約に基づき建物の引渡しを受け、建物を使用収益した事実 　ウ　契約解除の意思表示	1　Xは、Yに対し、令和5年5月1日、本件建物を、賃料1か月10万円で賃貸した。 2　Xは、Yに対し、令和5年5月1日、上記1の賃貸借契約に基づき、本件建物を引き渡した。 3　Yは、Zに対し、令和6年2月10日、本件建物2階部分を、賃料1か月3万円で賃貸した。 4　Zは、Yから、令和6年2月10日、上記3の賃貸借契約に基づいて本件建物2階部分の引渡しを受け、以降これを使用した。 5　Xは、Yに対し、令和6年5月15日到達の内容証明郵便で、上記1の建物賃貸借契約を解除するとの意思表示をした。

賃借人が賃貸人の承諾を得ずに賃貸目的物を第三者に転貸した場合（あるいは、賃借権を譲渡した場合）には、賃貸人は、民法612条2項に基づき、賃貸借契約を解除することができます。そこで、本事例では、Yの無断転貸を理由

とする賃貸借契約の解除を終了原因として、賃貸借契約の終了に基づく建物の明渡請求をすることが考えられます。以下では、無断転貸による解除が問題となるケースにおける要件事実を検討します。

結論的には、以下の事実が、無断転貸による解除を原因とする賃貸借契約の終了を基礎づけます（民612Ⅱ、540Ⅰ）。

ア　Yが第三者と転貸借契約を締結した事実

イ　第三者が、アの契約に基づき建物の引渡しを受け、建物を使用収益した事実

ウ　解除の意思表示

上記イについては、第三者が上記アの契約に基づき目的物の引渡しを受け、1日でも使用すればその要件をみたすため、かりに建物が賃借人に返還されているなど、解除時に建物が原状に復しているような場合であっても、イの要件を充足しえます。また、賃貸目的物の一部についての転貸であっても、賃貸借契約の全部についての解除権が発生します（最判昭28.1.30等）。

無断転貸の場合、一般的に賃借人Yの背信性が強く、信頼関係が破壊されていると評価できる行為であるため、例外的に無催告解除をすることができます。

（2）抗弁その1（明示の承諾の抗弁）

要件事実
❶解除に先立ち、賃貸人が転貸借契約について承諾の意思表示をしたこと

記載例

> **抗弁1　明示の承諾の抗弁**
> 　Xは、Yに対し、令和6年2月1日、本件建物2階部分の転貸について口頭で承諾の意思表示をした。

民法612条1項により、目的物の転貸につき賃貸人の承諾があれば、解除権の発生は障害されるため、承諾の事実は、被告が主張立証すべき抗弁と位置づけられます。

賃貸人による承諾は、賃貸借契約を解除する旨の意思表示の前までになされることを要しますが、承諾の意思表示の相手方は、賃借人と転借人のどちらでもかまわないとされています（最判昭31.10.5）。

なお、承諾には、明示の承諾のほか、黙示の承諾もありますが、本事例では、

黙示の承諾の存在を基礎づける事実が読み取れないため、明示の承諾のみ抗弁として構成しえます。

（3）抗弁その２（信頼関係不破壊の抗弁）

要件事実
❶背信性の不存在の評価
根拠事実

記載例

> **抗弁２　信頼関係不破壊の抗弁**
> 背信性の不存在の評価根拠事実
> 　Ｚへの転貸は、①２階部分のみの短期間の間借りにすぎず、②当該部分はすでにＺからＹに返還されており、ＹがＺに本件建物を使用させたことについてＸに対する背信的行為と認めるに足りない特段の事情がある。

賃借人が賃貸人の承諾なしに賃貸目的物を転貸したとしても、当該転貸に**賃貸人に対する背信的行為と認めるに足りない特段の事情**があるときは、賃貸人の無断転貸を理由とする解除権の発生は障害されるため（最判昭 28.9.25）、背信性の不存在の評価根拠事実は、被告が主張立証すべき抗弁と位置づけられます。

具体的には、次にあげるような事実が、背信的行為と認めるに足りない特段の事情があることを基礎づける事実（背信性の不存在の評価根拠事実）となりえます。

　ア　転貸の程度が軽微な場合
　　e.g. 転貸部分が全体のうちのごく一部分、一時的使用、あるいは
　　　　原状回復が容易であるという事実
　イ　賃借人と転借人との間に密接な身分関係がある場合
　　e.g. 賃借人と同居していた親族・内縁者が転借人であるという事実
　ウ　賃借人と転借人が（法律的には別人格だが）実質的には同一人
　　格の場合
　　e.g. 個人企業が法人成りして賃貸目的物を継続的に使用・収益し
　　　　ているという事実
　エ　いったん無断転貸がなされたが、すでに原状に復し、現時点では

当該事実がない場合

　e.g. 転借人がすでに目的物を賃借人に返還した（建物を立ち退い
　　　た）という事実

　本事例では、背信性の不存在の評価根拠事実として、転貸の程度の軽微性
（上記ア参照）を示す事実である「本件建物の２階部分」のみの間借りにすぎ
ず、また、「次の賃貸アパートが見つかるまで」の短期間に限定されたものであ
ることや、原状回復（上記エ参照）を示す事実である「Ｚへの賃貸は、５月10
日に終了」している事実を主張しえます。

無断転貸解除・承諾の抗弁等　　　まとめ

請求原因事実

1　Ｘは、Ｙに対し、令和５年５月１日、本件建物を、賃料１か月10万円で賃貸した。
2　Ｘは、Ｙに対し、令和５年５月１日、上記１の賃貸借契約に基づき、本件建物を引き渡した。
3　Ｙは、Ｚに対し、令和６年２月10日、本件建物２階部分を、賃料１か月３万円で賃貸した。
4　Ｚは、Ｙから、令和６年２月10日、上記３の賃貸借契約に基づいて本件建物２階部分の引渡しを受け、以降これを使用した。
5　Ｘは、Ｙに対し、令和６年５月15日到達の内容証明郵便で、上記１の建物賃貸借契約を解除するとの意思表示をした。

賃貸借契約の終了に基づく目的物返還請求権としての建物明渡請求権の発生

　①賃貸借契約の締結
　②①の賃貸借契約に基づく建物の引渡し
　③①の賃貸借契約の終了原因事実
　　ア　Ｙが第三者と転貸借契約を締結した事実
　　イ　第三者が、アの契約に基づき建物の引渡しを受け、建物を使用収益した事実
　　ウ　契約解除の意思表示

承諾の抗弁による建物
明渡請求権の発生効果
の障害

❶解除に先立ち、賃貸
人が転貸借契約につ
いて承諾の意思表示
をしたこと

抗弁事実
明示の承諾の抗弁

　Xは、Yに対し、令和6年2月
1日、本件建物2階部分の転貸
について口頭で承諾の意思表
示をした。

信頼関係不破壊の抗弁
による建物明渡請求権
の発生効果の障害

❶背信性の不存在の評
価根拠事実

抗弁事実
信頼関係不破壊の抗弁
背信性の不存在の評価根拠事
実

　Zへの転貸は、①2階部分
のみの短期間の間借りにすぎ
ず、②当該部分はすでにZ
からYに返還されており、Y
がZに本件建物を使用させた
ことについてXに対する背信
的行為と認めるに足りない特
段の事情がある。

5－4 用法遵守義務違反による解除・黙示の承諾の抗弁

1 事例

【Xの言い分】

　わたしは、令和4年5月1日、Yとの間で、自己が所有する賃貸物件（以下、「本件建物」という）につき、賃料1か月10万円、毎月末日翌月分払い、賃貸期間を令和4年5月1日から10年間とする賃貸借契約を締結し、本件建物部分をYに引き渡しました。なお、本賃貸借契約はYが子ども向けのアトリエ教室を開く目的のために締結されたもので、契約条項のなかには、本件建物はアトリエ教室として使用するとの合意があります。

　その後、教室には順調に生徒が入室した様子で、本件建物に隣接する公園でデッサンをしている姿などを時々見かけました。しかし、令和6年1月ころから急に子どもたちの姿を見かけなくなり、代わりに、不特定多数の大人が本件建物に出入りするのを見かけるようになりました。不審に思ったわたしは、同年4月20日、Yに連絡をとり、問い詰めたところ、昨年12月末に教室を閉め、令和6年1月4日からは、個展を開くためのギャラリーとして使用しているというのです。わたしは、それでは約束が違うと思い、同年4月25日、すぐにギャラリーとしての使用をやめるようYに告げました。しかし、改善がみられなかったので、本件建物の賃貸借契約を解除する旨を令和6年5月25日到着の内容証明郵便で告げました。Yには、一刻も早く本件建物から出て行ってほしいです。

① 　主たる請求の請求原因事実を答えなさい（いわゆる「よって書き」は不要とする）。

【Yの言い分】

　本件建物をギャラリーとして使用しているというのは、Xの言うとおりです。しかし、わたしは、令和6年1月4日からは、本件建物の表に「アートギャラリーY」という看板を設置しており、企画

展のポスターを看板の横に貼っていましたから、本件建物の並びに住んでおり、毎日本件建物の前を通過するXの目には当然入っていたはずです。それにもかかわらず、3か月以上経過した4月25日までXは何らの異議を述べていなかったのですから、遅くとも4月中旬には承諾していたはずです。

② Yの抗弁の要件事実を答えなさい。

2 解答例と解説

(1) 請求原因事実

要件事実

①賃貸借契約の締結

②①の賃貸借契約に基づく建物の引渡し

③①の賃貸借契約の終了原因事実（用法遵守義務違反による解除の場合）

ア 目的物の使用収益方法についての合意

イ アの合意により定まる用法とは異なる使用収益

ウ イの使用収益の停止を求める催告

エ ウの後相当期間内にイの使用収益を止めなかったこと

オ ウの後相当期間の経過

カ 契約解除の意思表示

記載例

1 Xは、Yに対し、令和4年5月1日、本件建物を、賃料1か月10万円で賃貸した。

2 Xは、Yに対し、令和4年5月1日、1の賃貸借契約に基づき、本件建物を引き渡した。

3 XとYは、1の契約締結の際、本件建物をアトリエ教室として使用するとの合意をした。

4 Yは、令和6年1月4日から、本件建物をギャラリーとして使用した。

5 Xは、Yに対し、令和6年4月25日、4の使用を止めるよう催告した。

6 Yは、5の催告の後、令和6年5月24日までの間、4の使用を継続した。

7 令和6年5月24日は経過した。

8 Xは、Yに対し、令和6年5月25日到達の内容証明郵便により、1の建物賃貸借契約を解除する意思表示をした。

賃借人が、契約によって定まった用法に違反する使用・収益をした場合、賃貸人は、賃貸借契約を解除することができます（民616・594Ⅰ参照）。そこで、本事例では、Yの用法遵守義務違反を理由とする賃貸借契約の解除を終了原因として、賃貸借契約の終了に基づく建物の明渡請求をすることが考えられます。

以下では、用法遵守義務違反による解除のケースにおける要件事実を検討します。結論的には、以下の事実が、用法遵守義務違反による解除を原因とする賃貸借契約の終了を基礎づけます。

ア	目的物の使用収益方法についての合意
イ	アの合意により定まる用法とは異なる使用収益
ウ	イの使用収益の停止を求める催告
エ	ウの後相当期間内にイの使用収益を止めなかったこと
オ	ウの後相当期間の経過
カ	契約解除の意思表示

上記アは、用法違反による解除を主張する前提として必要になる要件です。なお、使用収益方法についての合意がない場合も考えられ、その場合は**その目的物の性質によって定まった用法**をすることが賃借人に義務づけられます。そのため、これに違反すれば、合意がない場合も解除の対象となります（民法616・594Ⅰ）。

上記ウからオまでは、賃貸借契約の解除が、民法612条の無断譲渡・転貸を除いて、同法540条以下の法定解除の規定によるべきと考えられるため、同法541条に基づく催告として要求される要件事実です（「加藤・考え方と実務」181頁）。民法616条は、同法594条1項（用法順守義務）は準用していますが、同条3項（無催告解除）は準用していないため、同法541条に基づく催告が必要になるのです。

もっとも、賃借人の義務違反が賃貸借契約の継続を著しく困難にする背信行為にあたる場合には、無断転貸に基づく解除と同様、無催告で解除できるとされています（最判昭27.4.25、最判昭38.9.27、最判昭47.11.16）。この場合、ウ、エ、オの要件事実に代えて、賃借人に著しい不信行為があることを基礎づける評価根拠事実を摘示します。

（2）抗　弁

要件事実

❶黙示の承諾と評価し
　うる具体的事実

記載例

> **黙示の承諾の抗弁**
> 1　Yは、令和6年1月4日から本件建物を
> 　ギャラリーとして使用し、本件建物の表に
> 　「アートギャラリーY」と書かれた看板を設
> 　置している。
> 2　令和6年1月4日以降、1の看板の横に
> 　は、企画展のポスターが貼ってある。
> 3　Xの自宅は本件建物の並びにあり、Xは
> 　本件建物の前を毎日通行するため、本件建
> 　物がギャラリーとして使用されていること
> 　は知っていたにもかかわらず、令和6年4
> 　月25日まで一度も異議を述べたことがない。
> 4　上記1、2、3により、遅くとも4月中旬
> 　には、XはYに対し黙示の承諾の意思表
> 　示をした。

　賃貸人の承諾があれば、用法遵守義務違反とはならないため、賃貸人が承諾
した事実は解除権の発生を障害する、被告が主張立証すべき抗弁と位置づけら
れます。

　承諾には、明示の承諾のほか、黙示の承諾もありますが、本事例では、明示
の承諾の存在を基礎づける事実が読み取れないため、黙示の承諾のみ抗弁とし
て構成しえます。

　本事例では、黙示の承諾を基礎づける具体的事実として、賃貸人が賃借人の
用法遵守義務違反を知りながら相当期間異議を述べなかったことを主張するこ
とが考えられます。

請求原因事実

1　Xは、Yに対し、令和4年5月1日、本件建物を、賃料1か月10万円で賃貸した。

2　Xは、Yに対し、令和4年5月1日、1の賃貸借契約に基づき、本件建物を引き渡した。

3　XとYは、1の契約締結の際、本件建物をアトリエ教室として使用するとの合意をした。

4　Yは、令和6年1月4日から、本件建物をギャラリーとして使用した。

5　Xは、Yに対し、令和6年4月25日、4の使用を止めるよう催告した。

6　Yは、5の催告の後、令和6年5月24日までの間、4の使用を継続した。

7　令和6年5月24日は経過した。

8　Xは、Yに対し、令和6年5月25日到達の内容証明郵便により、1の建物賃貸借契約を解除する意思表示をした。

賃貸借契約の終了に基づく目的物返還請求権としての建物明渡請求権の発生

①賃貸借契約の締結

②①の賃貸借契約に基づく建物の引渡し

③①の賃貸借契約の終了原因事実

　ア　目的物の使用収益方法についての合意

　イ　アの合意により定まる用法とは異なる使用収益

　ウ　イの使用収益の停止を求める催告

　エ　ウの後相当期間内にイの使用収益を止めなかったこと

　オ　ウの後相当期間の経過

　カ　契約解除の意思表示

黙示の承諾の抗弁による建物明渡請求権の発生効果の障害

❶黙示の承諾と評価しうる具体的事実

抗弁事実

黙示の承諾の抗弁

1　Yは、令和6年1月4日から本件建物をギャラリーとして使用し、本件建物の表に「アートギャラリーY」と書かれた看板を設置している。

2　令和6年1月4日以降、1の看板の横には、企画展のポスターが貼ってある。

3　Xの自宅は本件建物の並びにあり、Xは本件建物の前を毎日通行するため、本件建物がギャラリーとして使用されていることは知っていたにもかかわらず、令和6年4月25日まで一度も異議を述べたことがない。

4　上記1、2、3により、遅くとも4月中旬には、XはYに対し黙示の承諾の意思表示をした。

5−5 賃貸借契約更新拒絶・正当事由の評価障害事実

1　事　例

【Xの言い分】

　平成 26 年 2 月 1 日、わたしは Y との間で、自己が所有するテナント用賃貸物件（以下「本件建物」という）を、賃料 1 か月 10 万円、毎月末日翌月分払い、賃貸期間を平成 26 年 2 月 1 日から平成 36 年 1 月 31 日までの 10 年間とする賃貸借契約を締結し、同日、本件建物を Y に引き渡しました。Y は、本件建物でシフォンケーキを売りにしたカフェを経営しています。

　ところで、わたしは昭和 59 年ころから東京都文京区の A ビルの 1 階フロアを借り、CD ショップを営んでいます。これまで何とかやってきたのですが、音楽のネット配信の流れに抗えず、平成 29 年ころからは赤字をだすようになりました。令和 5 年 5 月分からは、テナント料 30 万円もまかなえないほど売上げが低迷し、今現在は貯金を切り崩してしのいでいる状態です。このままいけば、経済的に破綻し、破産手続申立てを余儀なくされるおそれすらあります。そこで、令和 6 年の 1 月末で Y との賃貸期間が終わるため、Y には本件建物から出て行ってもらい、本件建物に自分の店を移転することを決意しました。令和 5 年 7 月 7 日到達の内容証明郵便で、Y には賃貸借契約を更新しない旨伝えています。しかし、Y は賃貸期間が終了した現在も本件建物から退去していません。たしかに Y には悪い気もしますが、わたしは本件建物以外に不動産を所有しておらず、仕方なく決断したことですので、Y には一刻も早く立ち退いてもらいたいと思っています。

① 　請求原因事実を答えなさい（いわゆる「よって書き」は不要とする）。

【Yの言い分】

　わたしは、本件建物でシフォンケーキを売りにしたカフェを経営

しています。おかげさまで、地域住民に愛されるお店として、売上げは堅調な状態が続いています。ところで、令和の時代を迎えるのを機に、販売強化のため、店内の大規模改修を行いました。外装含め手直ししたため、手持ち資金では足りず、地域の信用金庫から500万円を借りました。こうした状況の中、Xから更新拒絶の通知が届き、大変焦っています。Xは、わたしの店ならどこに移転しても客はついてくるなどと言いますが、そう簡単なものではありません。本件建物だからこそ、わたしの生計は成り立っています。また、大規模改修を行ったばかりでもあり、こうした投資資金も回収しなければなりません。Xにも事情があることは承知していますが、わたしにも譲れない事情があるのです。

②　Yの抗弁の要件事実を答えなさい。

2　解答例と解説

(1) 請求原因事実

要件事実

①賃貸借契約の締結

②①の賃貸借契約に基づく建物の引渡し

③①の賃貸借契約の終了原因事実（賃貸借契約更新拒絶の場合）

　ア　賃貸期間の定め

　イ　存続期間の経過

記載例

1　Xは、Yに対し、平成26年2月1日、本件建物を、賃料1か月10万円として賃貸した。

2　Xは、Yに対し、平成26年2月1日、1の賃貸借契約に基づき、本件建物を引き渡した。

3　XとYは、1の際、賃貸期間を平成26年2月1日から平成36年（令和6年）1月31日までの10年間とする合意をした。

4　令和6年1月31日は経過した。

5　XはYに対して、令和5年7月7日到達の内容証明郵便で、上記賃貸借契約を更新しないとの意思表示をした。

6　更新拒絶について、正当の事由があったことの評価根拠事実

ウ　期間満了の	(1)　Xは、昭和59年ころから東京都文京区の
1年前から6	Aビル1階フロアを借り、CDショップを営ん
か月前までの	でいる。
間に相手方に	(2)　ところが、平成29年ころから売上げが低
対して更新を	下し、赤字をだすようになった。
しない旨の通	(3)　令和5年5月分からは、テナント料30万
知をしたこと	円もまかなえないほど売上げが低迷している。
エ　更新拒絶に	(4)　今現在は貯金を切り崩してしのいでいる状
ついて正当の	態であり、この状況が続けばXは経済的に破
事由があった	綻し、破産手続申立てを余儀なくされるおそ
こと	れがある。
	(5)　Xは、本件建物以外に不動産を所有してい
	ない。

　本事例は、賃貸借契約の期間満了と、その更新の拒絶による契約関係の解消に基づき、建物の明渡しを求めている事案です。

　建物賃貸借契約の更新を拒絶したことによる期間満了のケースにおける要件事実は、以下の事実となります。

　ア　賃貸期間の定め
　イ　存続期間の経過
　ウ　期間満了の1年前から6か月前までの間に相手方に対して更新を
　　しない旨の通知をしたこと
　エ　更新拒絶について正当の事由があったこと

　民法上の期間の定めのある賃貸借は、契約に定める期間の満了をもって終了するはずです。しかし、建物を目的とする賃貸借契約については、借地借家法26条1項によりこれが修正されています。すなわち、契約の更新を望まない当事者が、ⅰ．「期間の満了の1年前から6月前までの間に相手方に対して更新をしない旨の通知」、またはⅱ．「期間の満了の1年前から6月前までの間に……条件を変更しなければ更新をしない旨の通知」をしなければ、従前の契約と同一の条件で契約を更新したものとみなされてしまうのです（法定更新）。そのた

めに、上記ウが契約の終了を基礎づける要件事実となります。

また、上記 i 、ⅱの通知は、「正当の事由」があると認められる場合でなければすることができないとされています（借地借家28）。そのために、上記エが契約の終了を基礎づける要件事実となります。「正当の事由」が要件となる趣旨は、賃借建物が賃借人の生活や営業の本拠となっていることが多いため、貸主側の一方的な都合で借主の生活の基盤が失われることを防ごうという点にあります。

「正当の事由」は規範的要件であるため、単に「正当の事由があった」と指摘するだけでは足りず、「正当の事由」があったと評価しうる根拠（評価根拠事実）を具体的に記載する必要があります。正当事由の存在を基礎づける事実としては、賃貸人が建物の使用を必要とする事情、建物賃貸借に関する従前の経過、建物の利用状況、建物の現況、および賃貸人からの立退料の申出等があげられます。

（2）抗　弁

要件事実	記載例
❶正当事由の評価障害事実	**正当事由の評価障害事実** 　Ｙは、生計の基盤を本件建物に依拠しており、店舗の改修資金も回収しなければならないから、Ｙにとって、本件建物の自己使用の必要性は高い。

被告は、原告が請求原因事実として主張する正当事由があることの評価根拠事実に対して、その評価を障害する事実を抗弁として主張しえます。

正当事由の評価障害事実としては、たとえば、本件建物の自己使用の必要性（生計の基盤を本件建物に依拠していること、設備投資資金の回収の必要性等）や、建物の賃貸借に関する従前の経過（Ｘは、Ｙが本件建物で飲食店を開業することを承知したうえで本件建物を貸したこと）等があります。

請求原因事実

1　Xは、Yに対し、平成26年2月1日、本件建物を、賃料1か月10万円として賃貸した。

2　Xは、Yに対し、平成26年2月1日、1の賃貸借契約に基づき、本件建物を引き渡した。

3　XとYは、1の際、賃貸期間を平成26年2月1日から平成36年（令和6年）1月31日までの10年間とする合意をした。

4　令和6年1月31日は経過した。

5　XはYに対して、令和5年7月7日到達の内容証明郵便で、上記賃貸借契約を更新しないとの意思表示をした。

6　更新拒絶について、正当の事由があったことの評価根拠事実

　(1)　Xは、昭和59年ころから東京都文京区のAビル1階フロアを借り、CDショップを営んでいる。

　(2)　ところが、平成29年ころから売上げが低下し、赤字をだすようになった。

　(3)　令和5年5月分からは、テナント料30万円もまかなえないほど売上げが低迷している。

　(4)　今現在は貯金を切り崩してしのいでいる状態であり、この状況が続けばXは経済的に破綻し、破産手続申立てを余儀なくされるおそれがある。

　(5)　Xは、本件建物以外に不動産を所有していない。

賃貸借契約の終了に基づく目的物返還請求権としての建物明渡請求権の発生

①賃貸借契約の締結

②①の賃貸借契約に基づく建物の引渡し

③①の賃貸借契約の終了原因事実

　ア　賃貸期間の定め

　イ　存続期間の経過

　ウ　期間満了の1年前から6か月前までの間に相手方に対して更新をしない旨の通知をしたこと

　エ　更新拒絶について正当の事由があったこと

正当事由の評価障害事
実による建物明渡請求
権の発生効果の障害
　❶正当事由の評価障害
　　事実

抗弁事実

正当事由の評価障害事実

　Ｙは、生計の基盤を本件建
物に依拠しており、店舗の改修
資金も回収しなければならな
いから、Ｙにとって、本件建物
の自己使用の必要性は高い。

第 6 章 明渡請求 所有権に基づく不動産明渡請求

6－1 請求原因・占有権原の抗弁

1 事 例

【Xの言い分】

1　わたしは、令和6年4月1日、母から北海道の富良野市にある実家の土地と建物を相続しました。父は20年前に亡くなっており、わたし以外に相続人はいません。

2　わたしは、大学進学を機に実家を離れ、現在にいたるまで東京で暮らしています。母は亡くなる3年ほど前から体調を崩し、わたしの東京の自宅で同居していました。

3　ところで、令和6年4月初旬、わたしは実家の整理をするため、かなり久しぶりに富良野を訪れたのですが、そこでとんでもないことが判明しました。令和5年5月1日から、実家の裏庭である甲土地全体を使用し、Yと名乗る男性が農作物を育てているというのです。わたしは、わたしの土地を勝手に使用するのはやめてほしいと要求したのですが、Yはこれに応じようとしません。Yにはただちに甲土地を明け渡すこと、ならびに明け渡されるまでの損害賠償金の支払を求めます。なお、甲土地の賃料相当額は、令和5年5月1日以降、現在にいたるまで、1か月2万円です。

①　主たる請求および附帯請求の訴訟物を答えなさい。

②　請求の趣旨を答えなさい（附帯請求、付随的申立てを含む）。

③　請求原因事実を答えなさい（いわゆる「よって書き」は不要とする）。記載にあたっては、主たる請求と附帯請求とを分けて、適宜要件事実ごとに整理して記載すること。

2　解答例と解説

(1) 訴訟物

> **主たる請求：所有権に基づく返還請求権としての土地明渡請求権**
> **附 帯 請 求：不法行為に基づく損害賠償請求権**

① 　**主たる請求について**

　物権を有する者は、物権の円満な支配が妨げられたり、妨げられるおそれがあるときに、その侵害の除去または予防を請求することができます。これを物権的請求権といい、①物権的返還請求権、②物権的妨害排除請求権、および③物権的妨害予防請求権の3種があります。このうち、①物権的返還請求権は、物権の目的物の占有が奪われた場合において、その返還を請求する権利をいい、②物権的妨害排除請求権は、占有侵奪以外の方法で物権が違法に侵害されている場合において、妨害物の除去や侵害行為の停止を求める権利をいいます。

　本事例においては、Yによって物権の目的物（甲土地）の占有が奪われた場合ですから、物権的返還請求権が問題となり、訴訟物は、**所有権に基づく返還請求権としての土地明渡請求権**となります。

② 　**附帯請求について**

　所有権に基づき土地の明渡しを請求する場合、通常これとあわせて、所有権侵害の不法行為により不動産の使用収益を妨げられたとして、その不動産の明渡し済みまでの損害金を請求します。そのため、附帯請求の訴訟物は**不法行為に基づく損害賠償請求権**となります。

（2）請求の趣旨

> 1　被告は、原告に対し、甲土地を明け渡せ
> 2　被告は、原告に対し、令和5年5月1日から明渡し済みまで1か月2万円の割合による金員を支払え
> 3　訴訟費用は被告の負担とする
> との判決ならびに仮執行の宣言を求める。

① 　主たる請求について

　本事例においては、甲土地の**引渡し**ではなく**明渡し**を求めています。そのため、本事例の主たる請求の請求の趣旨も、引渡しではなく明渡しという表現をし、これを区別します。

② 　附帯請求について

　口頭弁論終結時以降の損害金については、将来給付の訴えとなるためその必要性を要しますが（民訴135）、すでに発生した損害金につき相手がこれを支払おうとしない場合には、通常、将来発生する損害金についてもあらかじめ請求の必要性があると判断されます。

（3）請求原因事実

要件事実	記載例
主たる請求 ①Xの不動産の所有 ②Yの不動産の占有	主たる請求 1　Xは、甲土地を所有している。 2　Yは、甲土地を占有している。
附帯請求（損害賠償請求権） ①Xが一定の権利・保護法益を有すること ②Yの上記①に対する加害（侵害）行為 ③Yの故意または過失 ④損害の発生とその数額	附帯請求（損害賠償請求権） 1　Aは令和5年5月1日当時、甲土地を所有していた。 2　Aは令和6年4月1日に死亡した。 3　XはAの子である。 4　令和5年5月1日から現在にいたるまでYが甲土地を占有している。 5　令和5年5月1日以降の甲土地の賃料

⑤加害行為と損害発生と の因果関係	相当額は、1か月2万円である。

① 主たる請求について

　民法の学習においては、物権をもつ権利者の占有が権原なく妨害されていることが、物権的返還請求権を発生させる要件になると説明されます。

　この点、民法 188 条（「占有者が占有物について行使する権利は、適法に有するものと推定する。」）は法律上の権利推定の規定と考えられていることから、原告側で被告となる占有者が何らの権原なく占有していることを主張立証すべきとも思えます。

　しかし、そのように解してしまうと、原告はあらゆる占有権原の可能性を否定しなければならなくなり、原告側に悪魔の証明を強いることになってしまいます。

　そこで、被告が占有権原を有しないことは、物権的返還請求権の発生要件ではなく、被告が占有権原を有することを主張立証することで、物権的返還請求権の発生を障害する抗弁事項と位置づけられています（最判昭 35.3.1）。

　主たる請求の要件事実①については、本来、過去のある時点における原告の所有権取得原因となる具体的事実が原告の所有を基礎づける要件事実となるのですが、原告の現所有（現在における原告の所有。ここで現在とは、口頭弁論終結時をさします）の主張を相手方が認める場合には権利自白を認め、原告は所有権取得原因となる具体的事実を主張立証することを要しないとされています。

　しかし、被告が原告の現所有の主張を争う場合、原告は過去の一時点における自己の所有を主張します。たとえば、被告が抗弁として、原告はすでに原告以外の第三者（被告でもよい）に所有権を移転していることを主張する場合（所有権喪失の抗弁）、原告は、被告が主張する第三者の所有権取得原因事実が発生した当時（e.g. 売買日）の自己の所有を主張します。

　原告や前所有者の過去の一時点における所有を**もと所有**とよびます。

少なくともR6.4.1時点のX所有については争いが起きないため、この時点のXのもと所有を主張する。

少なくともR6.5.1時点のA所有については争いが起きないため、この時点のAのもと所有を主張する。

少なくともR6.6.1時点のA所有については争いが起きないため、この時点のAのもと所有を主張する。

　原告の過去の一時点における所有すらも被告が争う場合には、前所有者の過去の一時点における所有とともに、原告の前所有者からの所有権取得原因事実を主張することになります。たとえば、原告が前所有者（A）から買い受けたと主張しており、被告も、Aから当該目的物を取得したことを主張する場合（つまり二重譲渡の事案）、原告は、前所有者である売主Aの所有とともに、自己の所有権取得原因事実を主張します。そして、売主Aのもと所有については、原告の所有権取得原因事実の発生当時か、被告の所有権取得原因事実の発生当時のいずれか早い時点での所有を主張します。当該時点においては、売主Aのもと所有につき争いが起きないためです。

　本事例では、被告YがAからの賃貸借を主張している事案であるため、原告Xの現所有を争わないものとして、端的にXの現所有を主張します。

　主たる請求の要件事実②については、占有が事実概念でありながら、ⅰ. 占有要素である所持（民180）が、物に対する物理的支配の有無ではなく社会観念に従って決定されること、ⅱ. 民法が代理占有を認めていること（民181）、などから、きわめて抽象度の高い事実であると考えられています。そのため、占有につき争いがある場合には、単に「Yは○○を占有している」と示すだけでは足りず、所持の具体的事実を主張する必要があります。たとえば、「Yは本件土地に農作物を植え、占有している」といった主張が考えられます。

　これに対し、相手方の占有について当事者間に争いがない場合には、当該要件に該当する概括的抽象的事実としての占有について自白が成立したものとし

て、相手方の所持内容を具体的に摘示するまでの必要はなく、単に「占有している」と記載すれば足ります。解答例が単に「Yは本件土地を占有している」としているのは、Yの占有について争いがないためです。

② 附帯請求について

附帯請求の要件事実①については、不法行為期間中のXおよび被相続人Aの所有権がこれに該当します。XがAから甲土地を相続するまでは、XではなくAにつき被侵害利益（所有権）が帰属しているため、解答例ではA所有の事実から主張しています。これに対して、相続による権利承継が問題とならない場合（令和5年5月1日以前からXが所有していた場合）には、端的に「Xは令和5年5月1日当時、甲土地を所有していた」と指摘すれば足ります。

附帯請求の要件事実②については、X（および被相続人A）の使用収益をYが妨害すること、すなわちYのこの期間の占有の継続がこれに該当します。解答例では、「令和5年5月1日から現在にいたるまでYが甲土地を占有している」と記載し、民法186条2項の推定を使わずに表現していますが、実務上はこのように主張するのが通例となっています。

附帯請求の要件事実④については、賃料相当額を主張するのが通例となっています。

附帯請求の要件事実③と⑤については、実務上当然のこととして省略するか、あえて明示的に主張する必要がないとされています（「起案の手引」13頁、「司研・類型別要件事実」59頁、「加藤・考え方と実務」103頁、「岡口・マニュアル1巻」358頁）。

（4）抗 弁

要件事実
❶賃貸借契約の締結
❷❶の契約に基づく引渡し

記載例

> **占有権原の抗弁**
> 1　Aは、Yとの間で、令和5年5月1日、甲土地を、賃料1か月5,000円の約定で賃貸するとの合意をした。
> 2　Aは、Yに対し、同日、1の契約に基づいて甲土地を引き渡した。

被告が占有権原を有することは、物権的返還請求権の発生を障害する抗弁事

項と位置づけられています（最判昭35. 3. 1）。この占有権原としては、賃借権、地上権、使用借権などがあげられます。そのため、要件事実❶については、賃貸借契約のほか、使用貸借契約や地上権設定契約を主張することも可能です。

　賃貸借契約を主張する場合には、その成立要件として、ⅰ．当事者の一方がある物の使用および収益を相手方にさせることを約したこと、およびⅱ．相手方がその対価として賃料を支払うことを約したことの2つを主張立証することを要します（民601）。なお、民法601条には規定されていない賃貸期間の定めは賃貸借契約の成立要件ではないと解されるので、賃貸借契約の締結を示す事実として、賃貸期間を摘示する必要はありません。

　要件事実❷は、Yの占有が❶の契約に基づくもので、適法であることを基礎づけるために要求される要件です。

請求原因・占有権原の抗弁　　　　　　　　まとめ

訴訟物

　主たる請求：所有権に基づく返還請求権としての土地明渡請求権

　附 帯 請 求：不法行為に基づく損害賠償請求権

請求の趣旨

　1　被告は、原告に対し、甲土地を明け渡せ

　2　被告は、原告に対し、令和5年5月1日から明渡し済みまで1か月2万円の割合による金員を支払え

　3　訴訟費用は被告の負担とする

との判決ならびに仮執行の宣言を求める。

請求原因事実

1　Xは、甲土地を所有している。

2　Yは、甲土地を占有している。

所有権に基づく返還請求権としての土地明渡請求権の発生

①Xの不動産の所有

②Yの不動産の占有

発生

請求原因事実

1　Aは令和5年5月1日当時、甲土地を所有していた。
2　Aは令和6年4月1日に死亡した。
3　XはAの子である。
4　令和5年5月1日から現在にいたるまでYが甲土地を占有している。
5　令和5年5月1日以降の甲土地の賃料相当額は、1か月2万円である。

不法行為に基づく損害賠償請求権の発生

①Xが一定の権利・保護法益を有すること
②Yの上記①に対する加害（侵害）行為
③Yの故意または過失
④損害の発生とその数額
⑤加害行為と損害発生との因果関係

発生

占有権原の抗弁による所有権に基づく返還請求権としての土地明渡請求権の発生の障害
❶賃貸借契約の締結
❷❶の契約に基づく引渡し

抗弁事実

占有権原の抗弁
1　Aは、Yとの間で、令和5年5月1日、甲土地を、賃料1か月5,000円の約定で賃貸するとの合意をした。
2　Aは、Yに対し、同日、1の契約に基づいて甲土地を引き渡した。

6－2 所有権喪失の抗弁

1 事 例

> 　6－1における【Xの言い分】を前提とする、以下の【Yの言い分】に基づく問いに答えなさい。
>
> 【Yの言い分】
> 　Xの言うとおり、わたしは令和5年5月1日より甲土地を使用しています。しかし、Xは、令和6年6月1日、甲土地を隣地の所有者であるZへ、売買代金200万円で売却したと聞きました。ですから、これをXに引き渡す理由はないのではないでしょうか。
> ①　Yの抗弁の要件事実を答えなさい。

2　解答例と解説

（1）抗弁

要件事実
❶ XZ間の売買契約締結

記載例

> **所有権喪失の抗弁**
> 　1　Xは、Zに対し、令和6年6月1日、甲土地を、代金200万円で売った。

　XがZに対して甲土地を売却し、所有権を失えば、訴訟物である返還請求権としての明渡請求権は根拠を失い消滅します。したがって、Xがすでに第三者との間で対象不動産の売買契約を締結した事実は、被告が主張立証すべき抗弁として位置づけられます。これを、**所有権喪失の抗弁**とよびます。

　なお、所有権喪失の抗弁の典型が売買ですが、このほか、長期取得時効や短期取得時効の要件事実を主張する**時効取得による所有権喪失の抗弁**も存在します。

所有権喪失の抗弁による
所有権に基づく返還請求
権としての土地明渡請求
権の発生の消滅

❶XZ 間の売買契約締結

抗弁事実

所有権喪失の抗弁

1　X は、Z に対し、令和
6 年 6 月 1 日、甲土地を、
代金 200 万円で売った。

6-3 対抗要件の抗弁・対抗要件具備による所有権喪失の抗弁

1　事　例

【Xの言い分】

1　わたしは、A が所有する甲土地（地目は雑種地、固定資産税
評価額は 300 万円）を、令和 6 年 4 月 1 日、A より代金 300 万円
で買いとりました。

2　しかし、令和 6 年 6 月初旬、甲土地の様子を見に行くと、Y と
名乗る男性が、同年の春頃から農作物を育てていることがわかり
ました。Y にはただちに土地を明け渡してほしいと考えています。

①　請求原因事実を答えなさい（いわゆる「よって書き」は不要と
する）。

【Yの言い分】

1　X の言うとおり、わたしは令和 6 年 5 月 1 日より甲土地におい
て、アスパラガスを育てています。しかし、わたしは甲土地の所
有者である A から、令和 6 年 5 月 1 日、甲土地を代金 150 万円
で買ったのですから、引き渡す理由はないのではないでしょうか。

②　Y の抗弁の要件事実を答えなさい。なお、Y が A からの所有
権移転登記をいまだ備えていない場合と、令和 6 年 5 月 1 日付

で備えている場合とに分けて解答すること。

2　解答例と解説

(1)　請求原因事実

要件事実
① X の不動産の所有
② Y の不動産の占有

記載例

> 1　A は令和 6 年 4 月 1 日当時、甲土地を所有していた。
> 2　A は、X に対し、令和 6 年 4 月 1 日、甲土地を、代金 300 万円で売った。
> 3　Y は甲土地を占有している。

　要件事実①につき、本事例は二重譲渡の事案であるため、X としては、前所有者 A の過去の一時点における所有を主張することになります。そして、A の所有につき原被告間で争いが起きないのは、原告と被告の各所有権取得原因事実のうち、いずれか早い時点であるため、X は、令和 6 年 4 月 1 日における A のもと所有を主張します。

(2)　抗　弁

　Y も A から甲土地を取得している場合、Y の主張しうる抗弁は、登記の有無によって異なります。すなわち、Y が登記を備えていない場合には、**対抗要件の抗弁**を、Y が登記を X よりも先に備えている場合には、**対抗要件具備による所有権喪失の抗弁**を主張することができます。

① 　Y が登記を備えていない場合

要件事実
対抗要件の抗弁
❶ AY 間の売買契約締結
❷ 権利主張

記載例

> **対抗要件の抗弁**
> 1　A は、Y に対し、令和 6 年 5 月 1 日、甲土地を、代金 150 万円で売った。
> 2　Y は、甲土地につき X が所有権移転登記を具備するまで、X の所有権取得を認めない。

Yが登記を備えていない場合においても、Yは、Xが登記を備えていないこと（つまり対抗要件欠缺）を問題として争うことができます。

この点、対抗要件に関する主張立証責任はだれが負い、どのような要件事実を主張すべきかについては、ⅰ．第三者抗弁説、ⅱ．事実抗弁説、ⅲ．権利抗弁説という3つの見解がありますが、通説は権利抗弁説であるため、ここでは権利抗弁説に基づく要件事実を示します。

権利抗弁説によれば、Yが主張すべき要件事実は、❶自己がXの登記の欠缺を主張する正当な利益を有する第三者であることを基礎づける、AY間の売買契約の締結、❷Xが登記を備えていないことを問題とし、Xが対抗要件を具備するまではXの所有権取得を認めないとの権利主張の2つとなります。

Yは、このような主張をすることで、Xの優先的効果（＝対抗力）を阻止し、所有権に基づく物権的返還請求権を封じることができます。

② Yが登記を備えている場合

要件事実
対抗要件具備による所有権喪失の抗弁 ❶AY間の売買契約締結 ❷❶の契約に基づき、Y名義の所有権移転登記が経由されたものであること

記載例

> 対抗要件具備による所有権喪失の抗弁
> 1　Aは、Yに対し、令和6年5月1日、甲土地を、代金150万円で売った。
> 2　令和6年5月1日、上記1の売買契約に基づいてY名義の所有権移転登記がなされた。

YがXよりも先に登記を備えている場合、Yは、登記を備えることで甲土地の所有権を確定的に取得し、これによりXが不確定的に取得していた所有権が喪失し、所有権に基づく返還請求権としての土地明渡請求権が消滅したことを主張できます。

請求原因事実

1　Aは令和6年4月1日当時、甲土地を所有していた。
2　Aは、Xに対し、令和6年4月1日、甲土地を、代金300万円で売った。
3　Yは甲土地を占有している。

所有権に基づく返還請求権としての土地明渡請求権の発生

①Xの不動産の所有
②Yの不動産の占有

対抗要件の抗弁による所有権に基づく返還請求権としての土地明渡請求権の阻止
❶AY間の売買契約締結
❷権利主張

抗弁事実

対抗要件の抗弁

1　Aは、Yに対し、令和6年5月1日、甲土地を、代金150万円で売った。
2　Yは、甲土地につきXが所有権移転登記を具備するまで、Xの所有権取得を認めない。

対抗要件具備による所有権喪失の抗弁による所有権に基づく返還請求権としての土地明渡請求権の消滅
❶AY間の売買契約締結
❷❶の契約に基づき、Y名義の所有権移転登記が経由されたものであること

抗弁事実

対抗要件具備による所有権喪失の抗弁

1　Aは、Yに対し、令和6年5月1日、甲土地を、代金150万円で売った。
2　令和6年5月1日、上記1の売買契約に基づいてY名義の所有権移転登記がなされた。

第6章　明渡請求　所有権に基づく不動産明渡請求

7−1 所有権に基づく動産引渡請求・代償請求・即時取得

1 事 例

【Xの言い分】

1 　わたしは、カフェを経営しているのですが、わたしが所有する珈琲ばい煎機（時価総額 100 万円）1 台（以下「本件機械」という）のことで、Y とトラブルになり困っています。

2 　本件機械は、令和 6 年 4 月 1 日、同業である A に無償で貸し渡していたものですが、A はわたしに無断で Y に本件機械を売却してしまったようなのです。

3 　A は、令和 6 年 4 月 5 日、A をオーナーとするカフェをオープンしたのですが、イタリアから取り寄せたはずのばい煎機の到着が大幅に遅れることになったことから、取り急ぎ、わたしが本件機械を貸すことになったのです。

4 　Y が A から本件機械の引渡しを受けた時点で、A が本件機械の所有者ではないことを知らなかったかどうかについては定かではありませんが、少なくとも、店舗をオープンしてすぐにばい煎機を売却するなど考えられないことから、A が本件機械の所有者であることについては半信半疑だったはずです。

5 　また、本件機械には、わたし名義のネームプレートが貼られており、そこにはわたしの住所、氏名、電話番号が記載されていましたが、Y は、本件機械を買い受ける際に、わたしに何ら確認をしていませんでした。

6 　以上のとおりですから、わたしは Y に対し、本件機械の引渡しを求めます。また、かりに、本件機械の引渡しが不可能な場合には、本件機械の時価相当額である 100 万円の支払を求めます。

① 　訴訟物を答えなさい。

② 　請求の趣旨を答えなさい（付随的申立てを含む）。

③　請求原因事実を答えなさい（いわゆる「よって書き」は不要とする）。なお、本件訴訟の口頭弁論は、令和6年7月1日に終結したものとする。

【Yの言い分】

1　わたしは、珈琲豆の販売店を営んでいます。本件機械は、令和6年5月1日、Aから代金80万円で買い受けました（以下「本件売買契約」という）。わたしは、同日、Aから本件機械の引渡しを受け、Aに代金全額を支払っています。

2　本件売買契約の際、Aからは、令和6年4月1日に、前所有者であるXから本件機械を代金100万円で購入したと聞きました。

3　Aは、実際に本件機械をAの店で使用していましたから、Aが本件機械を所有していることに疑いはもちませんでした。また、Xが述べているように、本件機械には、目の届きにくい所に半径3センチメートル程度の小さな円状のプレートが貼り付けられていましたが、何が書かれているのは判読することができませんでした。

④　Yの抗弁の要件事実を答えなさい。

⑤　Xの再抗弁の要件事実を答えなさい。

2　解答例と解説

(1) 訴訟物

> 所有権に基づく返還請求権としての動産引渡請求権
> 所有権侵害の不法行為に基づく損害賠償請求権

本事例では、2つの訴訟物を考える必要があります。

まず、Xの言い分6「わたしはYに対し、本件機械の引渡しを求めます。」の部分についてですが、Xは、Yによって本件機械の占有が奪われていることから、Xの本件機械の所有権が侵害されていることを理由に、本件機械の所有

権に基づく返還請求権としての動産引渡請求権を行使することとなります。よって1つ目の訴訟物は、**所有権に基づく返還請求権としての動産引渡請求権**となります。ここでは、物権的請求権の法的性質として返還請求権を示す点がポイントです。

次に、Xの言い分6「かりに、本件機械の引渡しが不可能な場合には、本件機械の時価相当額である100万円の支払を求めます。」の部分についてですが、これは、代償請求を求めるものとなります。よって2つ目の訴訟物は、**所有権侵害の不法行為に基づく損害賠償請求権**となります。

所有権に基づく動産引渡請求訴訟においては、強制執行が奏功しなかった場合に備えてあらかじめ目的物の時価相当額の金銭の支払を請求することができます（最判昭30.1.21 民執31Ⅱ参照）。これを代償請求とよびます。代償請求は、本来の履行（動産の引渡し）に代わる填補賠償の性質を有することから、本来の権利が所有権に基づく返還請求権であるときは、所有権侵害の不法行為に基づく損害賠償請求権が訴訟物となるのです。

目的動産の引渡請求と代償請求は、現在と将来とで時点を異にし、かつ、両立するので、両請求の併合形態は、単純併合となります（予備的併合ではありません）。

なお、所有権に基づき動産の引渡しを請求する場合、所有権侵害の不法行為により動産の使用収益を妨げられたとして、その動産の引渡済までの損害金を、附帯請求として求めることができます。このような場合の附帯請求の訴訟物は**所有権侵害の不法行為に基づく損害賠償請求権**となり、求める損害金の額は、賃料相当額が主張されるのが通常です（「岡口・マニュアル1巻」355頁）。もっとも、本事例のXの言い分では、損害金を求める主張がなされていないことから、解答において当該附帯請求を記載する必要はありません。

（2）請求の趣旨

> 1　被告は原告に対して、本件機械を引き渡せ
> 2　前項の強制執行が功を奏しないときは、被告は、原告に対して、100万円を支払え
> 3　訴訟費用は被告の負担とする
> との判決ならびに仮執行宣言を求める。

不動産の場合と異なり、占有が侵害されている目的物を単純に引き渡して貰えれば目的を達するため、引渡しを問題として記載します。

代償請求の部分については、解答例の要領で記載し、「本件機械の**時価相当額**100万円を支払え」とは記載しません。

（3）請求原因事実

<table>
<tr><td>

要件事実
請求原因1（引渡請求）
①Xの動産の所有
②Yの動産の占有

</td><td>

記載例

請求原因1（引渡請求）
1　Xは、令和6年4月1日当時、本件機械を所有していた。
2　Yは、本件機械を占有している。

</td></tr>
<tr><td>

請求原因2（代償請求）
①Xの動産の所有
②Yの動産の占有
③口頭弁論終結時の目的
　物の時価

</td><td>

請求原因2（代償請求）
1　請求原因1の1および2と同じ。
2　令和6年7月1日当時の本件機械の時価相当額は100万円である。

</td></tr>
</table>

①　請求原因1（引渡請求）

要件事実①については、所有権に基づく不動産明渡請求訴訟の場合と同様です（**6−12**（3）参照）。すなわち、本来的にいえば、過去のある時点における原告の所有権取得原因となる具体的事実が、原告の所有を基礎づける要件事実となるのですが、原告の現所有の主張を相手方が認める場合には権利自白を認め、原告は所有権取得原因となる具体的事実を主張立証することを要しません。しかし、被告が原告の現所有の主張を争う場合、原告は過去の一時点における自己の所有を主張し、これすらも被告が争う場合には、前所有者の過去の一時点における所有とともに、自己の所有権取得原因事実を主張することになります。

本事例では、Yの言い分2において「Aからは、令和6年4月1日に、前所有者であるXから本件機械を代金100万円で購入したと聞きました」とあることから、令和6年4月1日時点でのXの本件機械の所有を認めているといえるため、要件事実①の主張としては「Xは、令和6年4月1日当時、本件機械を

所有していた。」と摘示することになります。

要件事実②については、占有がきわめて抽象度の高い事実であることから、占有につき争いがある場合には、単に「Yは○○を占有している」と示すだけでは足りず、所持の具体的事実を主張する必要があります。本事例では、Yは本件機械を占有している事実を争うことは考えられないため、単に「Yは、本件機械を占有している」と摘示すれば足ります。

② 請求原因２（代償請求）

代償請求を不法行為に基づく損害賠償請求と構成した場合、その要件事実としては、ⅰ．Xが一定の権利・保護法益を有すること、ⅱ．Yの加害（侵害）行為、ⅲ．Yの故意または過失、ⅳ．損害の発生とその数額、およびⅴ．加害行為と損害発生との因果関係の各事実が必要となるはずです。しかし、ⅰについては、代償請求の前提となる引渡請求の要件事実（請求原因１の要件事実①②）として主張されていること、ⅱについては、執行不奏功という将来の事実であること、ⅲについては、引渡請求の要件事実によって基礎づけられる目的動産の返還義務の発生と執行不奏功の事実があれば、執行不奏功の時点でのYの過失が基礎づけられると考えることができること、ⅴについては、加害行為と損害の主張に含まれているといえることから、前記要件事実①②のほかは、ⅳの事実として、口頭弁論終結時の目的物の時価を主張・立証すれば足りると解されています。口頭弁論終結時の目的物の時価の主張で足りるのは、口頭弁論終結時において、将来の引渡請求の強制執行の不奏功の時点および当該時点の目的動産の時価を主張することはできないからです。

（4）抗　弁

要件事実

❶ AがYとの間で当該動産の売買契約を締結したこと

❷ Aが❶の売買契約に基づいて当該動産をYに引き渡したこと

記載例

即時取得の抗弁

1　Aは、Yに対し、令和6年5月1日、本件機械を代金80万円で売った。（または「Yは、令和6年5月1日、Aから本件機械を代金80万円で買った。」）

2　Aは、Yに対し、同日、1の契約に基づいて本件機械を引き渡した。

　動産には、動産取引の安全を図る趣旨から、即時取得の制度が用意されています（民192）。これにより、所有権をもたない動産の占有者を正当な権利者と誤信して取引をした者は、その動産について完全な権利を取得することができます。ここでの取得は原始取得を意味するものと解されているため、所有権の即時取得が成立すると、真実の所有者は所有権を失うことになります。そのため、動産の即時取得は、所有権に基づく返還請求権としての動産引渡請求権を消滅させるものとして、被告が主張立証すべき抗弁と位置づけられます。

　民法上は、即時取得が成立するためには、ⅰ．目的物が動産であること、ⅱ．前主との間に有効な取引行為があること、ⅲ．前主に占有があり、前主が無権利であること、ⅳ．平穏・公然・善意・無過失に動産の占有を始めたこと、を要すると説明されます。

　しかし、平穏・公然・善意は民法186条1項の暫定真実により推定され、また、無過失も民法188条が「占有者が占有物について行使する権利は、適法に有するものと推定する」結果、占有取得者Yは、前主Aに所有権があると信ずることにつき過失がないものと推定されます（最判昭41．6．9）。そのため、上記要件ⅳは被告が主張立証する必要がなく、むしろ原告が、強暴・隠秘・悪意・被告の過失の評価根拠事実を主張立証することによって、即時取得の成立を障害する再抗弁と位置づけられます。

　以上のことから、即時取得の成立を基礎づける要件事実は、❶AがYとの間で動産の売買契約を締結したこと、❷AがYに対し、当該契約に基づき当該動産を引き渡したこと、で足りることになります。

　ただし、ここでの引渡しが占有改定にすぎない場合、Yは即時取得を主張することができません（最判昭32．12．17）。

（5）再抗弁

要件事実

再抗弁1（悪意の再抗弁）

①Yが前主Aが所有者でないことを知っていたこと

　　　　or

記載例

再抗弁1　即時取得の抗弁に対する悪意の再抗弁

　Yは、令和6年5月1日当時、Aが本件機械の所有者であることを疑っていた。

Ｙが前主Ａが所有者
であることを疑って
いたこと（半信半疑）

再抗弁２（過失の再抗弁）
① Ｙが占有取得時にＡが
権利者であると信じた
ことにつき過失があっ
たことの評価根拠事実

**再抗弁２　即時取得の抗弁に対する過失
の再抗弁**
過失の評価根拠事実
1　　令和６年５月１日当時、本件機械には、
　　Ｘの住所、氏名、電話番号が記載され
　　たプレートが貼り付けられていた。
2　　Ｙは、令和６年５月１日、売買契約
　　に基づいて本件機械の引渡しを受ける
　　に際し、本件機械の所有者について確
　　認すべきであったのに、Ｘに対し、何ら
　　確認をしなかった。

① 悪意の再抗弁

　即時取得で問題となる悪意は、通常の用法とは違い、Ｙが前主Ａが所有者
でないことを知っていたことだけでなく、Ｙが前主Ａが所有者であることを疑
っていたこと（半信半疑）を含むとされます。これは、判例が民法192条の
「善意」を、「前主が所有者であることをまったく疑っていなかったこと」をい
うとしていることから導かれます（最判昭41.6.9、最判昭26.11.27）。

　当該要件事実を摘示するにあたっては、具体的事案に応じて「権利者でない
ことを知っていた」または「権利者であることを疑っていた」と記載します。

　悪意の基準時は、取得者の占有取得時（引渡し時）とされていることから、
本件機械の引渡し当時（令和６年５月１日当時）に悪意であった旨の記載をし
ます。

② 過失の再抗弁

　過失は規範的要件にあたるため、原告としては過失があったと評価してもら
えるだけの根拠を具体的に示さなければなりません。たとえば、前主の処分権
限につき疑念を生じさせる事実があり、それにもかかわらず即時取得者が適切

な調査をしなかったことが、即時取得者の有過失を基礎づける具体的事実となります。

有過失の基準時は、取得者の占有取得時（引渡し時）とされています。

所有権に基づく動産引渡請求・代償請求・即時取得　　まとめ

> **訴訟物**
>
> 　所有権に基づく返還請求権としての動産引渡請求権
>
> 　所有権侵害の不法行為に基づく損害賠償請求権
>
> **請求の趣旨**
>
> 　1　被告は原告に対して、本件機械を引き渡せ
>
> 　2　前項の強制執行が功を奏しないときは、被告は、原告に対して、
> 　　　100万円を支払え
>
> 　3　訴訟費用は被告の負担とする
>
> との判決ならびに仮執行の宣言を求める。

請求原因1

1　Xは、令和6年4月1日当時、本件機械を所有していた。

2　Yは、本件機械を占有している。

所有権に基づく返還請求権としての動産引渡請求権の発生

　①Xの動産の所有

　②Yの動産の占有

請求原因2

1　請求原因1の1および2と同じ。

2　令和6年7月1日当時の本件機械の時価相当額は100万円である。

代償請求請求権の発生

　①Xの動産の所有

　②Yの動産の占有

　③口頭弁論終結時の目的物の時価

消滅

所有権喪失の抗弁（即時取得）による所有権に基づく返還請求権としての動産引渡請求の消滅

❶AがYとの間で当該動産の売買契約を締結したこと

❷Aが❶の売買契約に基づいて当該動産をYに引き渡したこと

抗弁事実

即時取得の抗弁

1　Aは、Yに対し、令和6年5月1日、本件機械を代金80万円で売った。（または「Yは、令和6年5月1日、Aから本件機械を代金80万円で買った。」）

2　Aは、Yに対し、同日、1の契約に基づいて本件機械を引き渡した。

再抗弁事実1

悪意の再抗弁

Yは、令和6年5月1日当時、Aが本件機械の所有者であることを疑っていた。

所有権喪失効果の障害

① Yが前主Aが所有者でないことを知っていたこと

or

Yが前主Aが所有者であることを疑っていたこと（半信半疑）

再抗弁事実2

過失の再抗弁

過失の評価根拠事実

1　令和6年5月1日当時、本件機械には、Xの住所、氏名、電話番号が記載されたプレートが貼り付けられていた。

2　Yは、令和6年5月1日、売買契約に基づいて本件機械の引渡しを受けるに際し、本件機械の所有者について確認すべきであったのに、Xに対し、何ら確認をしなかった。

所有権喪失効果の障害

① Yが占有取得時にAが権利者であると信じたことにつき過失があったことの評価根拠事実

140

第 8 章　登記請求
所有権移転登記手続請求

8－1　請求原因・他主占有権原の抗弁

1　事　例

【Ｘの言い分】

　わたしは、平成16年4月1日以来、現在（令和6年5月1日とする）にいたるまで、別紙物件目録（省略）記載の土地（以下「甲土地」という）を駐車場として占有し、使用し続けています。その間、甲土地の使用について、だれからも文句を言われたことはありませんでした。ところが、最近になって、甲土地の登記名義は叔父のＹであることが判明しました。

　わたしは、今後も当該土地を安心して使い続けるために、Ｙに対し、令和6年4月15日到達の内容証明郵便で、当該土地につき取得時効を援用するとの意思表示をしました。

　そこで、わたしは、Ｙに対し、本件土地の所有権移転登記手続を求めます。

① 訴訟物を答えなさい。
② 請求の趣旨を答えなさい（付随的申立てを含む）。なお、記載にあたっては、物件目録・登記目録については、「別紙物件目録記載の……」などとし、その具体的詳細については記載を要しない（③において同じ）。
③ 請求原因事実を答えなさい（いわゆる「よって書き」は不要とする）。

【Ｙの言い分】

　わたしは、Ｘの叔父です。甲土地は、Ｘが自分の車を購入した

平成 16 年 4 月 1 日以来、期間を定めずに無償で使わせてあげてい
たのですが、その恩義も忘れて時効取得を主張するなど、とんでも
ない話です。
④　Ｙの抗弁の要件事実を答えなさい。

2　解答例と解説

(1) 訴訟物

> 所有権に基づく妨害排除請求権としての所有権移転登記請求権

　Ｘが甲土地を時効取得すれば、Ｘは甲土地の所有権を原始取得します。その
ため、甲土地の登記記録に Ｙ 名義の登記がなされている状態が Ｘ の所有権を
妨害しているとして、所有権に基づく妨害排除請求をすることができます。

　この点、このような妨害排除請求権に基づき、いかなる登記手続を求めるべ
きかが問題となりますが、時効取得を原因とする所有権移転登記手続を求める
べきです。なぜなら、時効取得による所有権の取得が原始取得であることを強
調し、登記上は Ｙ 名義の登記の抹消を問題とすべきとすると、抹消登記に続き、
時効取得者のための新たな保存登記等が必要となってしまい、登記記録上の権
利変動過程が明らかにならなくなってしまう不都合が生じるからです。

　以上のことから、訴訟物は**所有権に基づく妨害排除請求権としての所有権
移転登記請求権**となります。

(2) 請求の趣旨

> 　1　被告は、原告に対し、別紙物件目録記載の土地について、平成
> 16 年 4 月 1 日時効取得を原因とする所有権移転登記手続をせよ
> 　2　訴訟費用は被告の負担とする
> との判決を求める。

　登記の申請においては、申請書に登記の原因とその日付を記載することを要
するため、判決主文においてこれらが明らかになるよう、請求の趣旨において、
登記の原因とその日付を記載することを要します。この点、時効が完成し援用

されると、占有者は、時効期間の始め（占有開始時）にさかのぼって所有権を取得するため（民144）、登記の原因日付は占有開始日となることに注意を要します。

また、請求の内容として「所有権移転登記をせよ」ではなく「所有権移転登記"手続"をせよ」と記載する必要があることに注意を要します。所有権移転登記をするのは登記官であって被告（Y）ではないからです。

さらに、登記手続を求める訴えはその判決の確定によって一定の意思の陳述を擬制する効力を生ずるものであることから（民執177Ⅰ）、仮執行の余地はなく、請求の趣旨においても、仮執行の宣言にかかる記載は必要とされていません（大判明45.4.12、昭25.7.6付民事甲1832号民事局通達）。そのため、付随的申立てを含めて解答する必要がある場合には、誤って仮執行の宣言を求めることがないようにしなければなりません。

（3）請求原因事実

要件事実	記載例
①Xが本件土地を所有していること 　ア　Xは、本件土地をある時点（占有開始時点）で占有していたこと 　イ　Xは、本件土地をアの時点から20年後の時点で占有していたこと 　ウ　XのYに対する、取得時効の援用の意思表示 ②本件土地には、現在、Y名義の所有権移転登記が存在すること	1　Xは、平成16年4月1日、別紙物件目録記載の土地（以下「本件土地」という）を占有していた。 2　Xは、令和6年4月1日経過時、本件土地を占有していた。 3　Xは、Yに対し、令和6年4月15日到達の内容証明郵便で、上記時効を援用するとの意思表示をした。 4　本件土地について、別紙登記目録記載のY名義の所有権移転登記がある。

民法の学習においては、時効を基礎づける要件として、上記①中のア～ウのほか、❶所有の意思をもってする占有であること（自主占有）、❷平穏かつ公然に占有されていること、❸他人の物であることを要すると説明されます。

しかし、要件事実論のもとでは、❶❷の事由は時効取得を主張する者が主張立証すべき請求原因事実とは位置づけられておらず、むしろ相手方がこれを否定することで時効の完成を妨げることができる抗弁と位置づけられています。

> ❶につき、所有の意思がないこと（すなわち他主占有であること）、が抗弁となる
> ❷につき、占有が強暴によるものであること、占有が隠秘であること、が抗弁となる

　これは、民法が、占有者は所有の意思（自主占有）をもって善意、平穏かつ公然と占有をするものと推定する規定を設けていることによります（民186 I）。つまり、占有の事実さえ主張立証すれば、裁判所は、自主占有、善意、平穏、公然の占有であること、といった推定事実を考慮してくれるのです。
　❸については、判例が、自己の所有物につき取得時効を認めるため（最判昭44.12.18）、取得時効の要件事実とも、抗弁ともなりません。
　以上から時効を基礎づける要件事実は、前頁①中のアからウまでで足りることになります。
　要件事実①中のア、イは、前後両時における占有の事実があれば、占有はその間継続したものと法律上推定されることから（民186 II）、取得時効を主張する者が主張立証すべき要件事実です。
　要件事実①中のウは、時効の所有権取得の効果は、時効期間の経過とともに確定的に生ずるものではなく、当事者により時効が援用された時にはじめて確定的に発生すると解されていることから、取得時効を主張する者が主張立証すべき要件事実です（最判昭61.3.17）。
　なお、短期取得時効を主張する者は、長期取得時効における要件事実に加え（ただし「20年」は「10年」となります）、不動産の占有を開始するにつき、無過失であったこと主張立証しなければなりません（民162 II）。
　ここでの無過失とは、自己に所有権があると信じ、かつ、そのように信ずるにつき過失のないことをいい（最判昭43.12.24）、これを主張する際には、無過失が規範的要件であることから、無過失であると評価するに足りる具体的事実（評価根拠事実）を要件事実として主張立証することを要します。

144

（4）抗　弁

要件事実
❶その性質上所有の意思のないものとされる権原に基づき占有を取得した事実

記載例

他主占有権原の抗弁
Ｙは、Ｘに対し、平成16年4月1日、本件土地を、期間を定めずに、無償で貸し渡した。

　取得時効の成立要件としての占有者の所有の意思は、民法186条1項によって推定されています。推定は覆すことができるため、取得時効の成立を争うＹは、抗弁として、Ｘに**所有の意思がないこと**を主張・立証することで、取得時効の成立を否定し、Ｘの所有権に基づく請求を障害することができます。

　「所有の意思」の有無は、権原（占有取得の原因）の客観的性質により外形的客観的に決せられることから（最判昭45.6.18）、「その性質上所有の意思のないものとされる権原に基づき占有を取得した事実（他主占有権原）」が要件事実となります。

　本事例では、他主占有権原として、使用貸借（民593）の成立要件を構成する事実を記載することになります。

　この点、債権法改正の際、要物契約とされていた使用貸借契約は、諾成契約に改められたため、現行民法の適用を前提とする使用貸借の成立要件としては、使用貸借の合意の事実で足ります。具体的な摘示の仕方としては、「Ｙは、Ｘに対し、令和〇年〇月〇日、本件土地を、期間を定めずに、無償で貸す旨の契約を締結した。」となります（「伊藤・新民法の要件事実Ⅱ」486頁）。

　もっとも、本事例では、債権法改正以前の事実関係が問題となっていることから、旧法の適用を前提に、要物契約としての使用貸借契約の成立を基礎づけるべく、目的物の交付の事実を含む「貸し渡した」の表現を用いています。

訴訟物

　所有権に基づく妨害排除請求権としての所有権移転登記請求権

請求の趣旨

　1　被告は原告に対し、別紙物件目録記載の土地について、平成 16 年 4 月 1 日時効取得を原因とする所有権移転登記手続をせよ

　2　訴訟費用は被告の負担とする

　との判決を求める。

請求原因事実

1　Xは、平成 16 年 4 月 1 日、別紙物件目録記載の土地（以下「本件土地」という）を占有していた。

2　Xは、令和 6 年 4 月 1 日経過時、本件土地を占有していた。

3　Xは、Yに対し、令和 6 年 4 月 15 日到達の内容証明郵便で、上記時効を援用するとの意思表示をした。

4　本件土地について、別紙登記目録記載の Y 名義の所有権移転登記がある。

所有権移転登記請求権の発生

　①X が本件土地を所有していること

　　ア　Xは、本件土地をある時点（占有開始時点）で占有していたこと

　　イ　Xは、本件土地をアの時点から 20 年後の時点で占有していたこと

　　ウ　X の Y に対する、取得時効の援用の意思表示

　②本件土地には、現在、Y 名義の所有権移転登記が存在すること

他主占有権原の抗弁による所有権に基づく権利行使の障害

　❶その性質上所有の意思のないものとされる権原に基づき、占有を取得した事実

抗弁事実

他主占有権原の抗弁

　Y は、Xに対し、平成 16 年 4 月 1 日、本件土地を、期間を定めずに、無償で貸し渡した。

9−1 抵当権抹消登記手続請求・登記保持権原の抗弁

1 事 例

【Xの言い分】

　わたしは、旅行かばんを製作販売するショップを都内で運営しています。3か月前、大規模な店内改装をしたのですが、その際、手持ちの資金では足りなかったため、普段生地の仕入れで付き合いのあったYから100万円を借りました。Yは無利息で貸してくれたのですが、担保だけはとらせてほしいというので、わたしの自宅建物（以下、「本件建物」という）に100万円の貸金債権を被担保債権として抵当権を設定し、その登記を備えました。店内改装後、ショップの売上げも好調で、手元資金に余裕もできたことから、令和6年7月1日、Yの事務所へ赴き、100万円を返済しました。後日、抵当権の登記を抹消する必要があることに気がついたのですが、Yに登記の協力を求めたところ、お金を返してもらうまでは協力できないなどというのです。Yには、本件建物についている抵当権の登記を早く消してほしいと思います。

① 訴訟物を答えなさい。

② 請求の趣旨を答えなさい（付随的申立てを含む）。なお、記載にあたっては、物件目録・登記目録については、「別紙物件目録記載の……」などとし、その具体的詳細については記載を要しない（③、④において同じ）。

③ 請求原因事実を答えなさい（いわゆる「よって書き」は不要とする）。

　わたしがXに100万円を無利息で貸したというのは、Xの言うとおりです。Xには仕事上、お世話になっていたことから、Xの要請を快く聞き入れ、令和6年4月1日、返済期を3か月後として、100万円を無利息で貸しました。同日、Xの自宅建物に100万円を担保するための抵当権を設定し、その登記を備えています。

　100万円はまだ返してもらっていませんから、登記手続には協力しかねます。Xは100万円を返済したと勘違いしているようですが、令和6年7月1日に受けとった100万円は生地の売掛金の返済として受領したものです。

④　Yの抗弁の要件事実を答えなさい。
⑤　Xの再抗弁の要件事実を答えなさい。

2　解答例と解説

(1)　訴訟物

> 所有権に基づく妨害排除請求権としての抵当権設定登記抹消登記請求権

　本事例では、被担保債権であるYのXに対する貸金返還請求権はXの弁済により消滅し、その結果、抵当権の付従性により、抵当権も消滅したにもかかわらず、Y名義の抵当権設定登記がそのまま残っていることから、登記という占有以外の方法によってXの建物所有権が侵害されているといえます。そこで、Xとしては、Yによる抵当権設定登記の存在がXの本件建物の所有権を妨害しているとして、妨害排除請求権としての物権的登記請求権を行使することが考えられます。これに基づく登記手続請求訴訟の訴訟物は、**所有権に基づく妨害排除請求権としての抵当権設定登記抹消登記請求権**となります。

> 1　被告は、別紙物件目録記載の建物につき、別紙登記目録記載の抵当権設定登記の抹消登記手続をせよ

（2）請求の趣旨

　抹消登記の主文には、抹消を求める登記の特定が必要となりますが、この点については、登記目録を利用した記載が望ましいとされています（「起案の手引」22頁）。

　問題文にもそのように記載する指示があるため、請求の趣旨は、上記解答例のように「別紙登記目録記載の抵当権設定登記」と表現します。

　抹消登記手続を命ずる場合には、移転登記手続を求める場合と違って、抹消登記の相手方が明らかであることから、「原告に対し」としないのが実務の通例です（「起案の手引」15頁）。

　登記の申請には、登記の原因を明らかにする必要があるため、通常、登記に関する請求の趣旨や判決主文には、登記原因を明らかにします。しかし、抹消登記手続を求める請求の趣旨やこれを命ずる判決主文では、登記原因を示さないのが通例です（「起案の手引」14頁）。ただし、本事例のように、被担保債権の弁済により抵当権が消滅したような場合には、「被告は、別紙物件目録記載の建物についてされた別紙登記目録記載の抵当権設定登記につき令和6年7月1日弁済を原因とする抹消登記手続をせよ。」というように、登記原因を記載することもできます。

（3）請求原因事実

要件事実
①Xが本件建物を所有していること
②本件建物には、現在、別紙登記目録記載のY名義の抵当権設定登記が存在すること

記載例

　1　Xは、別紙物件目録記載の建物を所有している。
　2　本件建物には、現在、別紙登記目録記載のY名義の抵当権設定登記がある。

　要件事実①については、同じ物権的請求権の問題である、所有権に基づく返還請求権の発生要件と同様に考えれば足りるため、基本的な考え方については

7−12 (3) を参照してください。

　ここでは、本事例特有の問題を取りあげていきます。すなわち、請求原因を摘示するにあたり、いつの時点におけるXの所有について権利自白が成立したとみるべきかについてです。これについては、次に述べるような2つの考え方があります。

　1つ目は、所有権に基づく妨害排除請求権の発生要件にあたるXの現所有について権利自白が成立するとして、請求原因として「Xは、別紙物件目録記載の建物を所有している。」と摘示する考え方です。

　2つ目は、XおよびYの言い分をとおして、Yが後述する登記保持権原の抗弁を主張することが明らかであることを前提に、抵当権設定契約締結当時のXの所有についてYの権利自白が成立するとして、請求原因を摘示する考え方です。Yが当該抗弁を主張するにあたって、Yは、抵当権設定契約締結当時にXが本件建物を所有していたことを前提とする必要があることから、抵当権設定契約締結当時のXの所有についてYの権利自白が成立すると考えます。このように考えたときには、請求原因として「Xは、令和6年4月1日当時、別紙物件目録記載の建物を所有していた。」と摘示することになります。

　解答例は、前者の考え方に従ったものです。

　要件事実②につき、Y名義の抵当権設定登記が、Yの正当な権原に基づく登記であるか否かは請求原因としては問題となりません。民法の学習においては、妨害排除請求権の発生を基礎づける要件としてY名義の登記に理由がないことを要すると説明されますが、公平の観点から、当該事実は請求原因事実とはならず、むしろ相手方が正当な権原（登記保持権原）を主張立証することで、妨害排除請求権の発生を障害しうる抗弁と位置づけられています。この抗弁を**登記保持権原の抗弁**といいます。

　さらに、抵当権設定登記の存在を主張立証するにあたっては、単に「Y名義の抵当権設定登記が存在する。」とするだけでは足りず、妨害状態を明らかにするという意味において、登記の具体的な記載内容（登記原因、債務者、債権額など）を示すことを要します。そこで、「本件建物にY名義の別紙登記目録記載の抵当権設定登記が存在する。」というように、登記目録等を利用して、登記の具体的表示内容を主張します。

（4）抗　弁

要件事実

❶ XY 間の被担保債権の発生原因事実

❷ X が Y との間で❶の債権を担保するために本件建物につき抵当権設定契約を締結したこと

❸ X が❷の当時、本件建物を所有していたこと

❹ 抵当権設定登記が❷の抵当権設定契約に基づくこと

記載例

登記保持権原の抗弁

1　Y は、X に対し、令和 6 年 4 月 1 日、100 万円を貸し付けた。

2　X と Y は、令和 6 年 4 月 1 日、X の 1 の債務を担保するため、別紙物件目録記載の建物に抵当権を設定するとの合意をした。

3　X は 2 の抵当権設定契約締結の当時、本件建物を所有していた。

4　請求原因事実 2 の登記は、上記 2 の抵当権設定契約に基づく。

　X からの抵当権設定登記抹消登記請求に対して、Y の訴訟代理人としては、前述したように、請求原因事実 2 の Y 名義の抵当権設定登記が正当な権原に基づくものであるとの主張をすることが考えられます（登記保持権原の抗弁）。

　要件事実❶から❸までは、Y 名義の抵当権設定登記が正当な権原に基づく有効なものであるためには、当該抵当権設定登記に符合する実体関係が存在することを要するため要求される要件事実です。

　要件事実❶については、抵当権設定登記に表示された実体関係（一般には、債権額、利息・損害金の定めなど）と合致する実体関係を主張する必要があります。具体的には、被担保債権である貸金債権の発生原因事実として、①返還約束と②金銭交付の各事実を「100 万円を貸し付けた」の要領で主張立証することになります。また、対象となる契約を特定する趣旨で、契約年月日も記載します。

　要件事実❷は、抵当権設定契約の締結を主張するに際しては、当該契約と被担保債権との結びつきを示すことが不可欠であるため要求される要件事実です。

　要件事実❸の抵当権設定契約締結当時の X 所有は、抵当権設定契約は物権契約と解されていることから要求される要件事実です。ただし、請求原因事実の中で抵当権設定契約締結当時の X 所有が明らかにされている場合（前述の 2

つの考え方のうち、2つ目の考え方参照）には、被告が再度主張する必要はありません（主張共通の原則）。

さらに、手続的有効要件として要件事実❹の事実が要求されます。この手続的有効要件は、通常、実体関係とは別の争点を構成しないため、事実の摘示としては単に❷の「抵当権設定契約に基づく」とすれば足りると考えられています。

3　再抗弁について

要件事実	記載例

要件事実
①XがYに対し、債務の本旨に従った給付をしたこと
②①の給付がその債権についてなされたこと

記載例

> **登記保持権原の抗弁に対する弁済の再抗弁**
> 1　Xは、Yに対し、令和6年7月1日、100万円を弁済した。
> 2　上記1の弁済は、抗弁の要件事実1のXの貸金債務についてなされた。

登記保持権原の抗弁に対しては、再抗弁として、被担保債権である貸金債務についての弁済を主張することが考えられます。被担保債権が消滅すれば、抵当権もその付従性に基づき当然に消滅することになるからです。

抵当権設定登記抹消登記手続請求訴訟における攻防　まとめ

訴訟物
　所有権に基づく妨害排除請求権としての抵当権設定登記抹消登記請求権

請求の趣旨
　1　被告は、別紙物件目録記載の建物につき、別紙登記目録記載の抵当権設定登記の抹消登記手続をせよ
　2　訴訟費用は被告の負担とする
　との判決を求める。

請求原因事実

1 Xは、別紙物件目録記載の建物を所有している。

2 本件建物には、現在、別紙登記目録記載のY名義の抵当権設定登記がある。

所有権に基づく妨害排除請求権としての抵当権設定登記抹消登記請求権の発生

① Xが本件建物を所有していること

②本件建物には、現在、別紙登記目録記載のY名義の抵当権設定登記が存在すること

登記保持権原の抗弁による妨害排除請求権の発生障害

❶ XY間の被担保債権の発生原因事実

❷ XがYとの間で❶の債権を担保するために本件建物につき抵当権設定契約を締結したこと

❸ Xが❷の当時、本件建物を所有していたこと

❹抵当権設定登記が❷の抵当権設定契約に基づくこと

抗弁事実

登記保持権原の抗弁

1 Yは、Xに対し、令和6年4月1日、100万円を貸し付けた。

2 XとYは、令和6年4月1日、Xの1の債務を担保するため、別紙物件目録記載の建物に抵当権を設定するとの合意をした。

3 Xは、2の抵当権設定契約締結の当時、本件建物を所有していた。

4 請求原因事実2の登記は、上記2の抵当権設定契約に基づく。

再抗弁事実

弁済の再抗弁

1 Xは、Yに対し、令和6年7月1日、100万円を弁済した。

2 上記1の弁済は、抗弁の要件事実1のXの貸金債務についてなされた。

弁済の再抗弁による登記保持権原の抗弁の消滅

①XがYに対し、債務の本旨に従った給付をしたこと

②①の給付がその債権についてなされたこと

1 事 例

【Xの言い分】

わたしは、令和6年4月3日、母が京都府内に所有していたマンションの一室（以下「本件建物」という）を、母の残した遺言によって相続しました。しかし、葬儀や納税の処理に追われ、自分自身で本件建物の名義書換えをできずにいました。そんなとき、叔父のYが、不動産には詳しいから自分に任せてくれと言ってくれたので、Yに任せることにし、Yに指示された書類を一式渡しました。ところが、Yは、わたし名義の登記を備えた後、わたしが渡した書類を悪用し、令和6年5月6日付けの売買を原因として、わたしからYの名義に変えてしまったようなのです。更に悪いことに、令和6年5月15日付けの金銭消費貸借契約に基づく貸金債権100万円を担保するものとして、債権者兼抵当権者をZ、債務者をYとする抵当権の登記が同日付けで備えられてしまったようなのです。もちろん、母から相続した大切な不動産を易々と売却をするわけもなく、Yがしたことはでたらめですので、一刻も早く、真実と異なるY名義の登記を抹消したいと思っていますし、Zにも、Y名義の登記を抹消することについて承諾を求めます。

① YおよびZに対する訴訟物を答えなさい。

② 請求の趣旨を答えなさい（付随的申立てを含む）。

③ Yに対して主張すべき請求の請求原因事実を答えなさい（いわゆる「よって書き」は不要とする）。

④ Zに対して主張すべき請求の請求原因事実を答えなさい（いわゆる「よって書き」は不要とする）。

【Yの言い分】

わたしは、令和6年5月6日、Xから本件建物を100万円で購入しました。ですから、Xの主張は通らないはずです。

2　解答例と解説

（1）訴訟物

> **XのYに対する請求の訴訟物**
> 　所有権に基づく妨害排除請求権としての所有権移転登記抹消登記
> 　請求権
> **XのZに対する請求の訴訟物**
> 　所有権に基づく妨害排除請求権としての承諾請求権

　不実の登記は、当該不動産の占有を奪うものではなく、所有者の使用収益が妨げられるわけではありません。しかし、不実の登記自体が当該不動産に対する妨害となることは否定できないため、所有権に基づく妨害排除請求として、その抹消登記を請求することができます。

　もっとも、権利に関する登記の抹消は、登記上の利害関係を有する第三者がある場合には、当該第三者の承諾があるときにかぎり申請することができることから（不登68）、所有権移転登記の抹消登記をする場面において、当該登記を前提に設定された（根）抵当権などの権利がある場合には、当該担保権者を登記上の利害関係人として、所有権移転登記の抹消登記をすることについて当該担保権者が作成した承諾証明情報を提供するか、または当該担保権者に対抗することができる裁判があったことを証する情報を提供することを要します。そのため、登記上の利害関係人たる担保権者の任意の承諾が得られない場合、所有権移転登記の抹消登記手続を求めて訴えを提起するのと同時に、担保権者を被告として、所有権移転登記の抹消登記手続に対する承諾を求めて訴え提起することを要します。

　このような訴えは、所有権に基づく妨害排除請求権を法的な根拠とするため、訴訟物は**所有権に基づく妨害排除請求権としての承諾請求権**となります。

(2) 請求の趣旨

> 1　被告Yは、別紙物件目録記載の建物についてされた別紙登記目
> 　録記載の所有権移転登記の抹消登記手続をせよ
> 2　被告Zは、原告に対し、前項の抹消登記手続を承諾せよ
> 3　訴訟費用は被告の負担とする
> との判決を求める。

　被告Zに対する請求は、あくまで所有権移転登記の抹消登記手続の承諾であり、抵当権設定登記の抹消登記手続の承諾ではありません。そのため、請求の趣旨は「被告Zは、原告に対し、前項の抹消登記手続を承諾せよ」となります。

(3) 請求原因事実

要件事実

①Xが本件建物を所有していること

②本件建物には、現在、別紙登記目録記載のY名義の所有権移転登記が存在すること

記載例

> **Yに対する請求原因事実**
> 1　Xは、令和6年5月6日当時、別紙物件目録記載の建物（以下「本件建物」という）を所有していた。
> 2　本件建物には、現在、別紙登記目録記載のY名義の所有権移転登記がある。

　要件事実①については、同じ物権的請求権の問題である、所有権に基づく返還請求権の発生要件と同様に考えれば足りるため、詳細については**6－12**
(3) を参照してください。

　本事例では、被告Yから、売買による所有権の取得を主張することが予想されるので（所有権喪失の抗弁）、Xのもと所有につき権利自白が成立すると考えられます。そこでXは、売買契約が締結されたとされる時点（令和6年5月6日）におけるXのもと所有を主張します。

(4) 請求原因事実

要件事実

① Y に対する請求原因事実の 1 に同じ

② Y に対する請求原因事実の 2 に同じ

③ 本件建物には、現在、別紙登記目録記載の Z 名義の抵当権設定登記が存在すること

④ ③の抵当権設定登記は、Y が本件建物の所有権登記名義人となっているときにされたこと

記載例

> **Z に対する請求原因事実**
>
> 1　Y に対する請求原因事実の 1、2 と同じ。
>
> 2　本件建物には、現在、別紙登記目録記載の Z 名義の抵当権設定登記がある。
>
> 3　抵当権設定登記がなされた令和 6 年 5 月 15 日当時、Y が本件建物の所有権登記名義人であった。

要件事実④は、Z が Y 名義の所有権移転登記の抹消について登記上利害関係を有する第三者であることを基礎づける事実です。

(5) 抗　弁

要件事実

❶ X のもと所有の時点以降の X から X 以外の者への当該不動産の所有権移転原因事実

記載例

> **所有権喪失の抗弁**
>
> 　X は、Y に対し、令和 6 年 5 月 6 日、本件建物を代金 100 万円で売った。

X が第三者（Y でもよい）に対して、本件建物を売却し、所有権を失えば、訴訟物である妨害排除請求権としての所有権移転登記抹消登記請求権は根拠を失い消滅します。したがって、X がすでに第三者との間で対象不動産の売買契約を締結した事実は、被告が主張立証すべき抗弁として位置づけられます。

訴訟物

　被告Yに対する請求の訴訟物

　　所有権に基づく妨害排除請求権としての所有権移転登記抹消登記請求権

　被告Zに対する請求の訴訟物

　　所有権に基づく妨害排除請求権としての承諾請求権

請求の趣旨

　1　被告Yは、別紙物件目録記載の建物についてされた別紙登記目録記載の所有権移転登記の抹消登記手続をせよ

　2　被告Zは、原告に対し、前項の抹消登記手続を承諾せよ

　3　訴訟費用は被告の負担とする

との判決を求める。

請求原因事実

1　Xは、令和6年5月6日当時、別紙物件目録記載の建物（以下「本件建物」という）を所有していた。

2　本件建物には、現在、別紙登記目録記載のY名義の所有権移転登記がある。

3　本件建物には、現在、別紙登記目録記載のZ名義の抵当権設定登記がある。

4　抵当権設定登記がされた令和6年5月15日当時、Yが本件建物の所有権登記名義人であった。

所有権に基づく妨害排除請求権の発生（（1)Yに対する所有権移転登記抹消登記請求権、(2)Zに対する承諾請求権を含む）

①Xが本件建物を所有していること

②本件建物には、現在、別紙登記目録記載のY名義の所有権移転登記が存在すること

③本件建物には、現在、別紙登記目録記載のZ名義の抵当権設定登記が存在すること

④③の抵当権設定登記は、Yが本件建物の所有権登記名義人となっているときにされたこと

158

消滅

所有権喪失の抗弁による所有権に基づく妨害排除請求権の消滅

❶Xのもと所有の時点以降のXからX以外の者への当該不動産の所有権移転原因事実

抗弁事実

所有権喪失の抗弁

　Xは、Yに対し、令和6年5月6日、本件建物を代金100万円で売った。

第10章 金銭請求 譲受債権請求訴訟

10-1 請求原因・譲渡制限特約による履行拒絶の抗弁

1 事　例

【Xの言い分】

　A社（以下「A」という）は照明器具の販売会社です。Aは、令和6年8月に静岡市で新しいホテルのオープンを予定しているY社（以下「Y」という）との間で、令和6年4月1日、イタリアから輸入したテーブルライト（以下「本件照明器具」という）20個（1個6万円）につき、代金120万円、代金の支払期日を令和6年5月末日とする売買契約を締結したようです。

　令和6年5月1日、Aは、大規模な仕入れをするための資金を確保するため、Yに対する代金債権を110万円で買わないかとわたしにもちかけてきました。わたしは、悪くない話だと思い、すぐにAに110万円を支払い、Yに対する債権を購入しました。しかし、Yはわたしの求めに応じず、代金の支払をしないため、わたしは、Yに対して本件照明器具の代金120万円の支払を求めます。

① 訴訟物を答えなさい。

② 請求の趣旨を答えなさい（付随的申立てを含む）。

③ 請求原因事実を答えなさい（いわゆる「よって書き」は不要とする）。

【Yの言い分】

　Aとの間で売買契約を締結したことについては、Xの言うとおりです。しかし、わたしとAとの間では、本件売買契約を締結するに際して、同時に、当該債権の譲渡を禁止する特約を結んでいます。

特約のことは、本件売買契約を締結するに際して作成した売買契約書にも明記してありますから、Ｘも知っていたはずです。そのために、Ｘの支払要求を拒絶したのです。

④　Ｙの抗弁の要件事実を答えなさい。

2　解答例と解説

(1) 訴訟物

> ＡＹ間の売買契約に基づく代金支払請求権

債権譲渡は、債権をその同一性を維持しながら移転させることを目的とする法律行為ですから、これにより債権の同一性は失われず、その債権の帰属主体のみが変更されます。そのため、ＡＹ間の債権がＡからＸに譲渡されても、当該債権は依然として「ＡＹ間の売買契約に基づく代金支払請求権」であり、これがＸＹ間の訴訟における審判対象、すなわち訴訟物となります。

なお、Ｘが債権を取得した原因や経路は、訴訟物を特定するための要素ではありません。

(2) 請求の趣旨

> 1　被告は、原告に対し、120万円を支払え
> 2　訴訟費用は被告の負担とする
> との判決ならびに仮執行の宣言を求める。

(3) 請求原因事実

要件事実
①譲受債権の発生原因事実
②①の債権の取得原因事実

記載例

1　Ａは、Ｙに対し、令和6年4月1日、本件照明器具20個を代金120万円で売った。
2　Ｘは、令和6年5月1日、Ａから1の売買代金債権を代金110万円で買った。

債権の譲受人は、譲受債権を取得したからこそ債権者としてその債務の履行を求めることができることから、要件事実②が必要となります。取得原因事実を記載する際には、債権の売買や贈与等の法律行為を具体的に記載することを要します。

(4) 抗　弁

要件事実
- ❶ＡＹ間での譲渡制限特約の締結
- ❷❶につきＸの悪意または不知につき重過失があったことの評価根拠事実（民466Ⅲ）
- ❸履行拒絶の意思表示

記載例

譲渡制限特約による履行拒絶の抗弁
1　Ｙは、Ａとの間で、本件売買契約締結の際、その代金債権の譲渡を禁止するとの合意をした。
2　Ｘは、本件債権譲渡契約の締結の際、上記譲渡制限の合意を知っていた。
3　Ｙは、Ｘの請求に基づく履行を拒絶する。

　譲渡制限特約に関する規律について、民法466条2項では、譲渡を禁止する旨の特約付きの債権が悪意の譲受人に譲渡された場合でも、その債権は譲受人に帰属するものとしています。

　もっとも、債権譲渡を禁止することで債権者を固定するという債務者の利益に配慮する必要から、同条3項では、悪意または重過失のある譲受人との関係において、債務者の譲渡人に対する履行に弁済の効力を認めるとともに、譲受人への履行を拒むことができる（阻止できる）ものとされています。譲渡制限特約による履行拒絶の抗弁の要件事実は、ⅰ．債権当事者が債権の譲渡を制限する特約を合意していること、ⅱ．譲受人が譲渡制限特約を知っているか（悪意）、または、知らないことにつき重大な過失があることについての評価根拠事実、ⅲ．履行拒絶の意思表示となります。

　譲渡制限特約による履行拒絶の抗弁は権利抗弁であると解されるため、権利主張（要件ⅲ）が必要になります（「司研・類型別要件事実」138頁）。

訴訟物

　AY 間の売買契約に基づく代金支払請求権

請求の趣旨

　1　被告は、原告に対し、120 万円を支払え

　2　訴訟費用は被告の負担とする

との判決ならびに仮執行の宣言を求める。

請求原因事実

1　Aは、Yに対し、令和6年4月1日、本件照明器具20個を代金120万円で売った。
2　Xは、令和6年5月1日、Aから1の売買代金債権を代金110万円で買った。

AY 間の売買契約に基づく代金支払請求権の発生
　①譲受債権の発生原因事実
　②①の債権の取得原因事実

譲渡制限特約による履行拒絶の抗弁による代金支払請求権の権利行使の阻止
　❶AY 間での譲渡制限特約の締結
　❷❶につき X の悪意または不知につき重過失があったことの評価根拠事実
　　（民466Ⅲ）
　❸履行拒絶の意思表示

抗弁事実

譲渡制限特約による履行拒絶の抗弁

1　Yは、Aとの間で、本件売買契約締結の際、その代金債権の譲渡を禁止するとの合意をした。
2　X は、本件債権譲渡契約の締結の際、上記譲渡制限の合意を知っていた。
3　Yは、Xの請求に基づく履行を拒絶する。

1 事 例

> **10－1**における【Xの言い分】を前提とする、以下の【Yの言い分】に基づく問いに答えなさい。
>
> 【Yの言い分】
> 　Aとの間で売買契約を締結したことについては、Xの言うとおりです。しかし、AがXに本件代金債権を譲渡したなどという話は、Aから何も聞いていません。したがって、Xの求めに応じて支払をすることはできません。
> ① 　Yの抗弁の要件事実を答えなさい。

2 解答例と解説

（1）抗 弁

要件事実
❶債務者による、債務者対抗要件が具備されるまでXを債権者と認めないとの権利主張

記載例

> **債務者対抗要件の抗弁**
> 　本件債権譲渡につき、AがYに通知し、またはYが承諾するまで、Xを債権者と認めない。

　債権は原則として自由に譲渡することが認められますが、これを債務者に対抗するためには、譲渡人が債務者にそのことを通知するか、債務者がこれを承諾することを要します（民467Ⅰ）。かかる債務者に対する対抗要件（以下「債務者対抗要件」という）を欠く場合、債務者においてこのこと（通知・承諾が欠けていること）を主張して、譲受人の債権行使を阻止することができます。そのため、債務者対抗要件の欠缺は、被告が主張すべき抗弁と位置づけられます。

債務者対抗要件の抗弁による代金支払請求権の権利行使の阻止

❶債務者による、債務者対抗要件が具備されるまで X を債権者と認めないとの権利主張

抗弁事実

債務者対抗要件の抗弁

　本件債権譲渡につき、A が Y に通知し、または Y が承諾するまで、X を債権者と認めない。

再抗弁事実

通知の再抗弁

　A は、Y に対し、令和○年○月○日、請求原因2の債権譲渡を通知した。

【参考】

通知による債務者対抗要件の抗弁の消滅

①債権譲渡の後、譲渡人が債務者に対し譲渡の通知をしたこと

再抗弁事実

承諾の再抗弁

　Y は、X（または A）に対し、令和○年○月○日、請求原因2の債権譲渡を承諾した。

【参考】

承諾による債務者対抗要件の抗弁の消滅

①債務者が譲渡人または譲受人に対し承諾したこと

1 事 例

> 　**10－1**における【Xの言い分】を前提とする、以下の【Yの言い分】に基づく問いに答えなさい。
>
> 【Yの言い分】
> 　Aとの間で売買契約を締結したことについては、Xの言うとおりです。また、令和6年5月3日、Aからは債権をXに譲渡したことの通知を受け承知しています。
> 　しかし、AよりXに対する債権譲渡の通知を受けてからちょうど1週間後の令和6年5月10日、当該債権をBに譲渡した旨の通知をAから受けました。当社としては訳がわからず、すぐにAに問い合わせをしたのですが、電話がつながらない状態となっておりました。そこで通知書に記載のあったBの連絡先に問い合わせたところ、たしかに令和6年5月7日、Aから当該債権を代金100万円で買い取ったとのことでした。
> 　このような状況下では、どちらを真の債権者とみるべきかがはっきりとしないため、代金は支払えません。
> ①　Yの抗弁の要件事実を答えなさい。

2　解答例と解説

（1）抗　弁

要件事実
- ❶譲渡人が第2譲受人との間で債権譲渡契約を締結したこと
- ❷譲渡人が第2の譲受人へ債権譲渡したことを債務者に通知したこと

記載例

第三者対抗要件の抗弁
1　AはBに対し、令和6年5月7日、請求原因1の売買代金債権を代金100万円で売った。
2　AはYに対し、令和6年5月10日、1の債権譲渡を通知した。

or

譲渡人が第2の譲受人へ債
権譲渡したことにつき、債
務者が譲渡人または第2の
譲受人に対し承諾したこと

❸債務者による、第1譲受人
Xが第三者対抗要件を具備
するまで債権者と認めない
との権利主張

3　請求原因2の債権譲渡につき、A
が確定日付のある証書によってYに
通知し、またはYが確定日付のある
証書によって承諾するまで、Xを債
権者と認めない。

　債権は原則として自由に譲渡することが認められますが、これを債務者以外
の第三者に対抗するためには、譲渡人がそのことを確定日付のある証書によっ
て債務者に通知するか、債務者がこれを確定日付のある証書によって承諾する
ことを要します（民467Ⅱ　第三者に対する対抗要件を以下「第三者対抗要件」
という）。

　このことから、債権が二重に譲渡されてしまった場合で、いずれの譲渡につ
いても（確定日付のある証書によらず）単に通知または承諾がされたにとどま
る場合、第1譲受人・第2譲受人は互いに自己が債権の帰属主体であることを
対抗できません。その結果、債務者はこれ（いずれも第三者対抗要件を具備し
ていないこと）を主張することで、いずれの譲受人の権利行使も阻止すること
ができます。そのため、第三者対抗要件の欠缺は、被告が主張すべき抗弁と位
置づけられます。

　要件事実❷が必要となる理由は、次のとおりです。

　仮に債務者対抗要件の欠缺がある場合には、債務者は、**債務者対抗要件の
抗弁**（**10－2** 2（1）参照）を主張して、債権者（譲受人）が債権の行使要件
を欠くことを問題とすることができます。一方で、**第三者対抗要件の抗弁**は、
債務者対抗要件は具備されていることを前提に、債権が二重譲渡された場合に、
譲受人相互の優先関係を問題とするものです。

　すなわち、**第三者対抗要件の抗弁**は、債務者対抗要件が具備された段階で
はじめて問題となるため、この要件が必要となります。

第三者対抗要件の抗弁による代金支払請求権の権利行使の阻止

❶譲渡人が第 2 譲受人との間で債権譲渡契約を締結したこと

❷譲渡人が第 2 の譲受人へ債権譲渡したことを債務者に通知したこと

or

譲渡人が第 2 の譲受人へ債権譲渡したことにつき、債務者が譲渡人または第 2 の譲受人に対し承諾したこと

❸債務者による、第 1 譲受人 X が第三者対抗要件を具備するまで債権者と認めないとの権利主張

抗弁事実
第三者対抗要件の抗弁

1　A は B に対し、令和 6 年 5 月 7 日、請求原因 1 の売買代金債権を代金 100 万円で売った。

2　A は Y に対し、令和 6 年 5 月 10 日、1 の債権譲渡を通知した。

3　請求原因 2 の債権譲渡につき、A が確定日付のある証書によって Y に通知し、または Y が確定日付のある証書によって承諾するまで、X を債権者と認めない。

再抗弁事実
　A は、Y に対し、令和○年○月○日、内容証明郵便によって、請求原因 2 の債権譲渡を通知した。

【参考】
確定日付のある通知による第三者対抗要件の抗弁の消滅

①債権譲渡の後、譲渡人が債務者に対し、確定日付のある証書により譲渡の通知をしたこと

再抗弁事実
　Y は、X（または A）に対し、令和○年○月○日、内容証明郵便によって請求原因 2 の債権譲渡を承諾した。

【参考】
確定日付のある承諾による債務者対抗要件の抗弁の消滅

①債務者が第 1 譲渡人または譲受人に対し確定日付のある証書により承諾したこと

10−4 譲渡人に生じた事由についての抗弁

1　事　例

　　10−1における【Xの言い分】を前提とする、以下の【Yの言い分】に基づく問いに答えなさい。

【Yの言い分】

　Aとの間で売買契約を締結したことについては、Xの言うとおりです。しかし、手元資金に余力があったため、返済期日を待つ必要もないと考え、令和6年5月2日、売買代金120万円をAの指定口座に振り込んでいます。

　したがって、Xの求めに応ずるわけにはいきません。

① 　Yの抗弁の要件事実を答えなさい。

2　解答例と解説

（1）抗　弁

要件事実
❶債務の本旨に従った給付
❷給付と債権との結びつき

記載例

> **譲渡人に生じた事由についての抗弁**
> 　YはAに対し、令和6年5月2日、本件代金債権の弁済として120万円を支払った。

　債権譲渡は、債権をその同一性を維持しながら移転させることを目的とする法律行為ですから、これにより債権の同一性は失われず、当該債権に付着する債務者の譲渡人に対する抗弁は、すべて譲受人に対して主張することができます。

　したがって、債務者が、譲渡人に対してすでに代金を弁済していたのであれば、弁済による債務の消滅を抗弁として主張することができるのです。

消滅

譲渡人に生じた事由についての抗弁（e.g. 弁済）による代金債権の消滅等
❶債務の本旨に従った給付
❷給付と債権との結びつき

抗弁事実

譲渡人に生じた事由についての抗弁

　YはAに対し、令和6年5月2日、本件代金債権の弁済として120万円を支払った。

再抗弁事実

先立つ債務者対抗要件具備の抗弁

　（弁済に先立ち、）請求原因2の債権譲渡につき、（それ以後、）Aは、Yに対し、令和6年5月1日、譲渡を通知した。

【参考】
弁済に先立つ通知（債務者対抗要件の具備）による譲渡人に生じた事由についての抗弁の効果障害
　①抗弁事由に先立つ、債権譲渡後のAからYに対する譲渡の通知

障害

再抗弁事実

先立つ債務者対抗要件具備の抗弁

　（弁済に先立ち、）請求原因2の債権譲渡につき、YはA（またはX）に対し、令和6年5月1日、承諾した。

【参考】
弁済に先立つ承諾（債務者対抗要件の具備）による譲渡人に生じた事由についての抗弁の効果障害
　①抗弁事由に先立つ、YのA（またはX）に対する譲渡の承諾

障害

事項索引

♠**蛭町 浩**（ひるまち　ひろし）

　1984年司法書士試験合格。2003年第1回簡裁訴訟代理関係業務認定。

　1985年より登記法を中心に受験指導にあたり、記述式対策講座はもちろん、主に新合格者を対象とした認定考査対策講座、更には実務家向けの研修講座の他、大学などでも教鞭をとる。

　深い学識と緻密な理論構成に基づいた講義は、ほかと一線を画し、常により合理的な解法を提供している。

♠**坂本 龍治**（さかもと　りゅうじ）

　2009年司法書士試験合格。2010年第9回簡裁訴訟代理等能力認定考査合格。伊藤塾講師。東京司法書士会会員。東京司法書士会民法改正対策委員会副委員長。日本大学司法書士桜門会副会長。日本大学司法書士試験科研究室講師。伊藤塾まこと会副会長。伊藤塾桐桜会会長。

　尊敬してやまぬ蛭町浩講師と司法書士である父の背中を追い、受験指導と司法書士実務にすべてを注ぐ。

　「合格後を考える」伊藤塾の理念を実践すべく、司法書士試験合格後に必要となる認定考査対策、実務研修を通して真の法律家の養成に力を注いでいる。

伊藤塾（いとうじゅく）

　司法書士、司法試験、行政書士など法律科目のある資格試験や公務員試験の合格者を多数輩出している受験指導校。合格を見据えた受験指導を行い、特に司法試験の合格実績には定評がある。

〒150-0031　東京都渋谷区桜丘町17−5　03(3780)1717
https://www.itoujuku.co.jp

認定司法書士への道［入門編］［第2版］

2019(令和元)年10月30日　初　版1刷発行
2023(令和5)年10月30日　第2版1刷発行

監修者　伊　藤　塾
著　者　蛭町浩・坂本龍治
発行者　鯉　渕　友　南
発行所　株式会社　**弘文堂**　　101-0062　東京都千代田区神田駿河台1の7
TEL 03(3294)4801　振替 00120-6-53909
https://www.koubundou.co.jp
装　丁　笠井亞子
印　刷　三美印刷
製　本　井上製本所

―― 全3巻 ――

認定司法書士への道

伊藤塾=監修

伊藤塾講師 蛭町 浩+坂本龍治=著

　民法の債権法がおよそ120年ぶりに改正され、相続法制についても相続分の改正以来約40年ぶりの改正がされ、現在、所有者不明土地問題に対応すべく土地の所有権および不動産登記法の見直しが精力的に行われている。これら改正は、新たな民事法の世界の始まりを意味する。

　2003年に発足した認定司法書士制度は、司法書士が新たに広がる民事法の世界を切り拓く必要不可欠の道具である。資格試験として運用されている法務大臣認定考査において受験者の全員が合格することは、司法書士試験と認定考査を不可分一体のものと捉えている我々受験指導者の悲願である。

　上記悲願のために世に問うたのが『認定司法書士への道』であった。この度、新たな民事法の世界が開かれたことに伴い、同書を全面的に見直すことにした。

　その作業は、同書の内容を改正に対応させるだけでなく、同書を因数分解し、学習の段階や学習の機能に応じ、より適切な内容にアクセスできるようにするものであった。点鉄成金、この作業により『認定司法書士への道』は生まれ変わった。

（「はしがき」より抜粋）

入門編 基本を身につけるための「はじめの1冊」

理論編 認定考査の全出題範囲を網羅した「体系書」

実践編 17回分の過去問を紛争類型ごとに整理した「問題集」

―― 弘文堂 ――

要件事実論30講〔第4版〕

村田渉・山野目章夫 編著

後藤巻則・髙橋文清・村上正敏・大塚直・三角比呂 著
鈴木謙也・桃崎剛・德増誠一・劍持淳子

新たに加わった裁判官を交え、実務家と民法研究者が討議を重ねて作り上げた要件事実の基礎教育と自己学修に最適のスタンダード・テキスト。基礎理論の解説9講と民法の主要論点21講、演習問題17問による3部構成。設例に対する丁寧な解説とともに、事実摘示例やブロック・ダイアグラムを具体的に示し、さらにはコラムや補講、記載例関係一覧表も便利。暗記にたよらない正しい学修方法を伝授。民法(債権関係)改正に即応させた最新版。

A5判　並製　660頁　3800円

●要件事実の基礎的教育を実践するためのスタンダード・テキスト
●2017年成立の債権法改正に即応させた全面改訂版
●中堅世代の裁判官4名が新執筆者として参画
●基礎理論の解説9講と民法の主要論点21講＋補講、
　演習問題17問による3部構成
●暗記にたよらない正しい学修方法を伝授
●設例の丁寧な解説で、要件事実の基礎から応用まで自己学修が可能
●実務上重要である訴訟形態の攻撃防御の枠組みが理解できる演習問題
●索引機能も兼ねた「請求原因・抗弁・再抗弁・再々抗弁記載例関係一覧表」
●法科大学院生・司法修習生をはじめ、司法書士、土地家屋鑑定士、
　そして民事裁判のありようを知りたいと思っている人すべてに最適

司法書士の専門家責任

東京高裁部総括判事 加藤新太郎＝著

司法書士は、その執務において、法律専門職として求められる注意義務を過不足なく尽くすとともに、倫理にかなうパフォーマンスを示すことが求められています。裁判例を素材にして、司法書士の執務のあり方について、規範的視点からわかりやすく解説したテキスト。司法書士が果たすべき役割やあるべき姿を執務に沿って具体的に示した指南書。　A5判　並製　408頁　3200円

＊定価(税抜)は、2023年10月現在のものです。